# PSYCHIATRIE UND STRAFRECHTSREFORM

VON

PROFESSOR DR. ERNST SCHULTZE
GEH. MEDIZINALRAT, DIREKTOR DER UNIVERSITÄTS-
NERVENKLINIK GÖTTINGEN

BERLIN
VERLAG VON JULIUS SPRINGER
1922

ISBN 978-3-642-50456-3 ISBN 978-3-642-50765-6 (eBook)
DOI 10.1007/978-3-642-50765-6

# Der Entwurf zu einem Deutschen Strafgesetzbuche 1919 vom Standpunkte des Psychiaters[1]).

Von

**Ernst Schultze.**



[1]) Erweiterte Wiedergabe eines Referates, das auf der Versammlung des Deutschen Medizinalbeamten-Vereins am 10. Sept. 1921 in Nürnberg erstattet wurde.

Nachdem im Oktober 1909 auf Anordnung des Reichs-Justizamts der Vorentwurf zu einem Deutschen Strafgesetzbuch mit einer Begründung veröffentlicht war, hat der Preußische Medizinalbeamtenverein in seiner Sitzung (April 1910) zu allen von ihm geregelten Fragen, soweit sie ärztlicher und vor allem psychiatrischer Natur sind, eingehend Stellung genommen. War doch der Entwurf mit dem ausdrücklichen Ersuchen um ausgiebige Kritik veröffentlicht worden! In welchem Maße diese Aufforderung befolgt wurde, erhellt daraus, daß das Reichsjustizamt 1911 einen über 400 eng gedruckte Seiten umfassenden Band veröffentlicht hat, der, ein Muster deutschen Fleißes und Spürsinns, alle bis Ende 1910 erschienenen gutachtlichen Äußerungen über den Vorentwurf überaus knapp und unparteiisch und dabei doch klar und übersichtlich zusammenstellt. Es sei noch hinzugefügt, daß Ende 1910 ein von *Kahl*, *v. Lilienthal*, *v. Liszt* und *Goldschmidt* bearbeiteter formulierter *Gegenentwurf* erschien, der, ebenfalls eine Kritik des Vorentwurfs, sich insbesondere zur Aufgabe gestellt hatte, zu zeigen, daß der Streit der beiden Schulen, der klassischen und der modernen Schule, vor den neuen strafrechtlichen Aufgaben zurücktreten könne und müsse.

Nach einer Vereinbarung der Bundesregierungen beauftragte das Reichsjustizamt eine Kommission von 18 angesehenen Rechtslehrern und Praktikern der verschiedensten Berufskreise mit der Revision des Vorentwurfs; eine Aufgabe, die von ihr in den Jahren 1911 bis 1913 in nicht weniger denn 282 Sitzungen bewältigt wurde. Bevor aber eine engere Kommission die Begründung dieses neuen Entwurfs, des sogenannten *Kommissionsentwurfs*, die ihn erläuternde Denkschrift und das Einführungsgesetz fertigstellen konnte, brach der Krieg aus, und damit ruhten alle Arbeiten auf dem Gebiete der Strafrechtsreform. Als im Anfang 1918 die kriegerischen Ereignisse sich ihrem Ende zuzuneigen schienen, wurden 4 auf strafrechtlichem Gebiet schon bewährte Praktiker vom Reichs-Justizministerium beauftragt, bei der Bearbeitung des Kommissionsentwurfs die Kriegserfahrungen zu verwerten; sie trugen auch den durch die später einsetzende Revolution bedingten einschneidenden Veränderungen auf politischem, wirtschaftlichem und gesellschaftlichem Gebiet Rechnung. Dieser Entwurf, der Entwurf von 1919 oder schlechtweg *Entwurf* genannt[1]), wurde Anfang 1921 mit einer Denkschrift der Öffentlichkeit übergeben, gleichzeitig mit dem K. E. Freilich ist diese Denkschrift zum E. nicht so eingehend und ausführlich gehalten wie die Begründung zum V. E., die, nicht zuletzt dank den vielen literarischen Hinweisen, geradezu als eine lehrbuchmäßige Darstellung des Stoffes angesehen werden kann. So bedauerlich diese Einschränkung ist, sie ist gerechtfertigt im Hinblick auf die erhebliche allgemeine Teuerung und vor allem die der Drucksachen, die schon jetzt dem Einzelnen die Anschaffung des Buches (beide Entwürfe mit Denkschrift, gebunden Ladenpreis 150 M.) erschwert oder fast unmöglich macht[2]).

Wie sich hieraus ergibt, blickt der E. auf eine längere Vorgeschichte, auf zahlreiche Vorarbeiten zurück, unter denen die mustergültige und umfangreiche, auf *Nieberdings* Anregung 1902 entstandene, „Vergleichende Darstellung des Deutschen und ausländischen Strafrechts“ noch gar nicht erwähnt ist. Diese Gründlichkeit verdient besondere Hervorhebung gegenüber der Hast und Eile, um nicht zu sagen, Überstürzung, mit der heute so manche Gesetze erlassen und veröffentlicht werden. Mit Rücksicht darauf ist man fast geneigt, von einer Zeit legislatorischer Kurzschlüsse zu sprechen. Nichts beweist die Berechtigung einer derartigen Kennzeichnung besser als die selbst manchem Juristen nicht bekannte Tatsache, daß man sich gezwungen sah, ein Gesetz, betreffend Vereinfachung der Gesetzgebung, zu schaffen; und der Jahrespreis des

---

[1]) Der Vorentwurf von 1909 wird im Text mit V. E., der Gegenentwurf von 1910 mit G. E., der Kommissionsentwurf von 1913 mit K. E., der Entwurf von 1919 mit E. bezeichnet; die römischen Ziffern der angeführten Paragraphen geben an, der wievielte Absatz, die arabischen Ziffern, der wievielte Satz in dem betreffenden Absatz der Gesetzesbestimmung in Betracht kommt. Zurechnungsfähigkeit wird mit Z.r.f.k., Zurechnungsunfähigkeit mit Z.r.u.f.k., verminderte Zurechnungsfähigkeit mit vm. Z.r.f.k., zurechnungsfähig mit z.r.f. abgekürzt.

[2]) In einem Anhange (S. 51—57) habe ich die wichtigsten, für die vorliegende Arbeit in Betracht kommenden Paragraphen aus dem jetzigen St.G.B., dem V.E. und dem E. abdrucken lassen.

Reichsjustizblattes wird heute schon den kargen Jahresetat manches kleinen Amtsgerichts vielleicht fast verschlingen.

Der E. ist, ebenso wie sein Vorgänger, eine Privatarbeit, was wiederholt und nachdrücklich in der Denkschrift Seite 7, 8 hervorgehoben wird. Auch er ist mit der ausgesprochenen Absicht veröffentlicht, daß alle beteiligten Kreise sich zu ihm äußern sollen. Grund genug für den Deutschen Medizinalbeamtenverein, auch seinerseits zu ihm Stellung zu nehmen. Freilich nur insofern, als der E. den Mediziner in seiner Eigenschaft als gerichtlichen Sachverständigen, nicht als behandelnden Arzt angeht. Professor *Lochte* hat den E. einer kritischen Besprechung unterzogen, soweit die gerichtsärztliche Tätigkeit nicht rein psychiatrischer Natur ist[1]). Mir ist die Erörterung des psychiatrischen Teils zugefallen.

Ich werde den Stoff so ordnen, daß ich der Reihe nach bespreche die Stellung der Geisteskranken, der Trunkenen und Trunksüchtigen, der Kinder und Jugendlichen im E. Bei jeder der 3 Gruppen werde ich erörtern:

1. Wie wird die Frage der Zurechnungsunfähigkeit oder der verminderten Zurechnungsfähigkeit geregelt?
2. Wie sind etwaige Strafen zu bemessen und zu vollstrecken?
3. Unter welchen Voraussetzungen kommen Maßnahmen der Besserung und Sicherung[2]) in Betracht und wie sind diese auszuführen?

Mit Rücksicht auf den mir zur Verfügung stehenden Raum verzichte ich an dieser Stelle auf eine Besprechung anderer psychiatrisch belangvoller Bestimmungen des E. wie der über Sexualdelikte, der §§ 9, Z. 6, 293—295, 308, 313 usw.

## I. Geisteskranke.

### *A. Zurechnungsunfähige.*

Jedes Strafgesetzbuch geht von der Voraussetzung aus, daß der mit Strafe Bedrohte gesunden Geistes und somit für sein rechtswidriges Handeln verantwortlich zu machen ist. Demnach muß der *Ausnahmefall*, daß der Täter *geisteskrank* ist und ihm mit Rücksicht darauf die *strafbare Handlung nicht zugerechnet* werden kann, eine ausdrückliche Regelung erfahren.

Es fragt sich, nach welchen *Grundsätzen* sie erfolgen soll.

Man könnte daran denken, diese Aufgabe in der denkbar einfachsten Form dadurch zu lösen, daß etwa bestimmt würde: wer geisteskrank

[1]) Veröffentlicht in der Zeitschr. f. Medizinalbeamte Bd. 34. 1921. S. 466 bis 479.

[2]) Hierüber werde ich mich des eingehenden in einer besonderen Arbeit (S. 58—110) anslassen.

ist, ist zurechnungsunfähig. In der Tat hatte *Aschaffenburg* 1904 auf der Versammlung der Preußischen Medizinalbeamten in Danzig für ein zukünftiges Strafgesetzbuch die Fassung vorgeschlagen: „War der Täter zur Zeit der Begehung der strafbaren Handlung geisteskrank, blödsinnig oder bewußtlos, so wird er nicht bestraft", und ein früherer schweizerischer E. hatte sich ihm angeschlossen. Diese rein *biologische* oder psychiatrische — sofern nur krankhafte Geisteszustände in Betracht kommen — Lösung des Problems ist aber aufgegeben worden. Denn sie schließt die große Gefahr in sich, daß der Sachverständige, also der Arzt, der den Geisteszustand des Angeklagten begutachtet, damit auch die Frage der Zurechnungsfähigkeit entscheidet. So große Anerkennung der V. E. der Tätigkeit der Psychiater in seiner Begründung zollt — und wir sind in dieser Beziehung wahrlich nicht verwöhnt —, so kann doch in Übereinstimmung mit dem V. E. nicht scharf genug betont werden, daß der Arzt nur der Gehilfe des Richters ist, der dessen Gutachten ohne zwingenden Grund gewiß nicht beiseite schieben wird. Um so bedenklicher wäre es, rein ärztliche Gesichtspunkte entscheiden zu lassen, als naturgemäß die Ansichten der Fachleute über das, was etwa als Geisteskrankheit oder Geistesschwäche, nicht nur im allgemeinen, sondern mehr noch im Einzelfall, anzusprechen wäre, sehr auseinandergehen. Zwischen Geistesstörung und geistiger Gesundheit bestehen fließende Übergänge. Und nun berücksichtige man noch, daß die Psychiatrie eine Wissenschaft ist, die gerade in den letzten Jahrzehnten sich ungeheuer entwickelt hat und noch jetzt immer Fortschritte macht! Es liegt auf der Hand, daß es unter diesen Umständen zu einer Freisprechung kommen könnte, die weder der Gesetzgeber beabsichtigt hat, noch das Volksempfinden billigen wird. Die Psychiatrie hat eine andere Aufgabe zu lösen wie die, die Menschen in 2 Gruppen, die der Zurechnungsfähigen und der Zurechnungsunfähigen, aufzuteilen.

Ich habe mich gewundert, daß sehr selten oder nie zur Rechtfertigung der rein biologischen Methode auf § 105 II B.G.B. verwiesen wird. Nach ihm ist eine Willenserklärung nichtig, die im Zustande der Bewußtlosigkeit oder der vorübergehenden Störung der Geistestätigkeit abgegeben wird. Es liegt auf der Hand, daß nicht schon jede geistige Anomalie schlechtweg genügt, um eine während ihres Bestehens erfolgte Willenserklärung rechtsunwirksam zu machen; die Störung muß vielmehr eine gewisse Stärke haben, soll sie rechtliche Beachtung verdienen. Das war auch der Wille des Gesetzgebers; und wer sich mit der Entstehungsgeschichte des B.G.B. befaßt, erkennt leicht, daß nur ein Redaktionsfehler der betreffenden Kommission diese mißverständliche Bestimmung des B.G.B. hat zustande kommen lassen.

Was aber von § 105, II B.G.B. gilt, muß auch für eine entsprechende Bestimmung eines Strafgesetzbuchs zutreffen. Nur dann, wenn die Abweichung von der Norm einen bestimmten Grad erreicht hat, kann die Verantwortlichkeit des Täters in Frage gestellt sein. Ohne eine derartige Stellungnahme bestände keine Möglichkeit, die verminderte Zurechnungsfähigkeit in das Gesetz einzuführen. Es wäre mehr als mißlich, wollte man die Forderung, auch auf den Grad der geistigen Störung Rücksicht zu nehmen, als so selbstverständlich ansehen, daß man es für überflüssig halten könnte, dessen im Wortlaut des Gesetzes besonders zu gedenken; es bestände dann eben doch die Gefahr, daß im Einzelfall der Richter von der graduellen Bewertung der geistigen Störung absehen würde, wenn nicht der Gesetzgeber dies ausdrücklich vorschriebe.

Somit könnte man daran denken, den für nicht verantwortlich zu halten, der nicht bestimmungsfähig ist. Ich wähle vorläufig diesen Ausdruck, der nichts vorweg nimmt. Der biologischen Methode, die aus den eben genannten Gründen abgelehnt werden muß, würde die *psychologische* Methode gegenüber gestellt, die einen entscheidenden Wert darauf legt, daß bestimmte psychologische Wirkungen durch die Geistesstörung, gleichgültig welcher Form und welcher Natur sie ist, gesetzt werden müssen, soll die Verantwortlichkeit aufgehoben sein. Der meines Wissens jüngste Vorschlag zu einem Strafgesetzbuch, der von polnischer Seite stammt, hat diesen Weg eingeschlagen und schlechtweg die Zurechnungsfähigkeit ausgeschlossen, „wenn der Täter im Augenblick der Begehung nicht über Vernunft und freien Willen verfügt hat“[1]; aber auch früher ist man hier und da so vorgegangen. Vor kurzem hat *Gerland* in seiner kritischen Besprechung des allgemeinen Teils des E. dieser Methode das Wort geredet. Seine Stellungnahme begründet er mit dem Hinweis darauf, daß die bisher vom Gesetz vorgesehenen Fälle einer geistigen Abweichung von der Norm nicht erschöpfend alle Möglichkeiten des praktischen Lebens umfassen. Ich kann mich seiner Ansicht auf Grund einer vieljährigen Gutachtertätigkeit unter der Herrschaft des § 51 St.G.B. nicht anschließen; noch viel weniger erscheint mir seine Befürchtung in dieser Hinsicht für die Zukunft berechtigt, für die zum mindesten nicht auf eine schlechtere Fassung der die Zurechnungsfähigkeit regelnden Bestimmung zu rechnen ist. In positiver Hinsicht führt *Gerland* zur Stütze seines Standpunktes aus, es komme bei der Frage der Zurechnungsfähigkeit nur auf den psychologischen Tatbestand an, unabhängig von dessen Begründung. An und für sich ganz richtig! Aber wenn das Gesetz etwa sagt, wer nicht bestimmungsfähig ist, ist nicht zurechnungsfähig, dann besteht die Gefahr, daß mangels eines unmittelbaren Hinweises auf eine krankhafte Beschaffenheit des Geisteszustandes des Täters der Richter allein die Frage der Zurechnungsfähigkeit entscheidet, ohne den Psychiater hinzuzuziehen. Gewiß besteht auch heute in dieser Hinsicht für den Richter,

[1]) Anmerkung bei der Korrektur: Der neueste Entwurf eines polnischen Strafgesetzbuches hat die gemischte Methode angewandt.

abgesehen vom § 81 St.P.O., kein Zwang, sich eines Sachverständigen zu bedienen. Sicher brauchte der Psychiater es nicht zu bedauern, weniger als Gutachter vor dem Strafrichter tätig zu sein. Ist doch diese Aufgabe meist ebenso zeitraubend wie verantwortlich und undankbar, nicht zuletzt in geldlicher Hinsicht! Das sind aber persönliche Gesichtspunkte, die gegenüber den sachlichen Bedenken ganz in den Hintergrund treten müssen. Die rein biologische Methode schließt aber die große Gefahr in sich, daß der Richter, der meist doch psychiatrisch nicht geschult ist, sich vielfach auf den sogenannten gesunden Menschenverstand verlassen würde, eine Einrichtung, von der ein etwas bösartig veranlagter Jurist einmal sagte, sie sei meist weder gesund, noch habe sie etwas mit dem Verstande zu tun! Unerwünschte Folgen ernstester Art könnten sich bei der Ausschaltung des allein sachkundigen Arztes ergeben, und eine zweckmäßige Behandlung geistesgestörter Rechtsbrecher wäre in keiner Weise gesichert.

Wenn somit weder die biologische Methode ausreicht noch die psychologische genügt, liegt es natürlich nahe, den Kompromißvorschlag zu machen, beide Methoden zu vereinigen und zu der altbewährten gemischten *biologisch-psychologischen Methode* zu greifen oder, wenn man die Tätigkeit der Vertreter der beiden bei der Beurteilung pathologischer Zustände in Betracht kommenden Fakultäten noch schärfer hervorheben will, zu der psychiatrisch-juristischen Methode. Schlägt man diesen Weg ein, so ist die Aufgabe, die dem Arzt zufällt, scharf von der des Richters getrennt. Der Arzt und nur der Arzt hat darüber zu entscheiden, ob ein (kurz gesagt) krankhafter Geisteszustand vorliegt, und diesem seinem klinischen Urteil hat der Richter sich unterzuordnen. Der Richter und nur der Richter hat darüber zu befinden, ob die Frage der Zurechnungsfähigkeit zu bejahen oder zu verneinen ist. Mit dieser Trennung der Aufgaben ist ein reibungsloses, gedeihliches, sachgemäßes Zusammenarbeiten gesichert und gewährleistet. Natürlich ist es dem Arzt nicht benommen, auch seinerseits zu der Frage der Zurechnungsfähigkeit Stellung zu nehmen, und er wird ohnehin in jedem Falle dem Richter auseinandersetzen, wie weit eine geistige Störung das Handeln des Täters beeinflußt, um ihm die Lösung der rein richterlichen Aufgabe zu ermöglichen oder doch zum mindesten zu erleichtern. Es würde ein Zeichen übler Engherzigkeit und öden Formalismus sein, wollte der Sachverständige eine von dem Richter gewünschte Belehrung über die strafrechtliche Bedeutung der Geistesstörung ablehnen. Ebenso muß aber auch anderseits erwartet werden, daß der Richter sich nur mit guten Gründen und nach reiflicher Überlegung den Ausführungen des Sachverständigen verschließt.

Erscheint somit *grundsätzlich* die gemischte, die biologisch-psychologische Methode allein zulässig, so fragt sich, welche *Fassung* der Gesetzgeber wählen soll.

Als Psychiater beginne ich mit der Besprechung der *biologischen* Kriterien.

Das jetzige Strafgesetzbuch spricht von einem Zustand der Bewußtlosigkeit und einem Zustand krankhafter Störung der Geistestätigkeit. Der V. E. § 63 I erklärt den für nicht strafbar, der zur Zeit der Handlung geisteskrank, blödsinnig oder bewußtlos war.

Der Ausdruck *geisteskrank* ist viel zu eng. Der Berufsrichter, der in psychiatrischen Fragen doch immer Laie ist, und erst recht der Laienrichter, der vermutlich in Zukunft noch mehr zu richterlicher Tätigkeit herangezogen werden wird als bisher, wird Bedenken haben, unter den Begriff der Geisteskrankheit Störungen fallen zu lassen, die der Psychiater unbedenklich so auffaßt; als solche führt die Denkschrift (S. 29) an geistige Entartungszustände, körperliche Krankheitszustände, die mit geistigen Störungen verbunden sind, wie Fieberdelirien und Entwicklungshemmungen, sogar den Blödsinn. Das geltende Recht spricht von *krankhafter Störung der Geistestätigkeit.* Es ist nicht einzusehen, warum nicht wenigstens dieser treffliche Ausdruck aus dem sonst mit Recht nach jeder Richtung beanstandeten § 51 St.G.B. hinüber genommen werden soll.

Auch der Ausdruck *Blödsinn* ist abzulehnen. Ich sehe hierbei im Gegensatz zum Standpunkt des E. (S. 29) davon ab, daß selbst für den Laien der Blödsinn eine Geisteskrankheit ist, daß es also unlogisch wäre, ihn noch besonders neben der Geisteskrankheit zu erwähnen. Jeder, nicht zuletzt auch der Laie, wird von vornherein den Blödsinnigen für nicht zurechnungsfähig halten; es bedürfte also nicht noch des Zusatzes eines juristischen Merkmals, und ebensowenig gestattet der Ausdruck Blödsinn die Einführung einer vm. Z. r. f. k. Wenn aber dennoch der Gesetzgeber einen derartigen Ausdruck dem Gesetz noch besonders einverleibt, so will er zweifellos damit Zustände geistiger Schwäche, gleichgültig welcher Art, erfassen. Sinngemäß müßte er dann aber auch solche minderen Grades gemeint haben. Für diese eignet sich aber wahrlich nicht der Ausdruck blödsinnig; er würde nur zu einer Quelle ständiger Meinungsverschiedenheiten zwischen Arzt und Richter werden. Daher hat die Kritik des V.E. für das Wort blödsinnig das Wort *geistesschwach* vorgeschlagen. Gegen diesen Ausdruck bestehen keine Bedenken, sofern nicht neben ihm das Wort geisteskrank gebraucht wird, für dessen Streichung ich ja ohnehin schon eingetreten bin. Denn würde geistesschwach und geisteskrank nebeneinander im Strafgesetzbuch aufgeführt werden, so bestände zweifellos die große Gefahr, daß diese Ausdrücke in demselben Sinne wie im § 6 Z. 1 B.G.B. gedeutet werden; und ich sehe davon ab, daß ihre praktische Verwertung ohnehin schon bei der Entmündigung mannigfache Schwierigkeiten mit sich bringt. Mir scheint es mehr als fraglich, ob es überhaupt notwendig ist, noch den Ausdruck geistesschwach, der die Zustände einer, gleichgültig wie bedingten und wann entstandenen Verstandesschwäche umfaßt, einzuführen, wenn das Gesetz den weit umfassenderen, zweifellos auch diese Zustände einschließenden Ausdruck der krankhaften Störung der Geistestätigkeit gebraucht (vgl. Denkschrift S. 29). Es sei denn, daß man der Befürchtung Rechnung tragen zu müssen glaubt, der Richter habe, wenn auch nur formale Bedenken, den Schwachsinnigen, selbst solchen höheren Grades, mit den aus anderen psychiatrischen Gründen Zurechnungsunfähigen auf eine Stufe zu stellen. ,,Immerhin kann ihre (der Geistesschwäche) Unterstellung unter den Begriff der krankhaften Störung der Geistestätigkeit auf Schwierigkeiten stoßen; zur Vermeidung ungerechtfertigter Verurteilungen ist sie deshalb besonders hervorgehoben", führt der E. S. 29 aus. Eine Beweisführung, die mich von der Notwendigkeit einer ausdrücklichen Erwähnung der Geistesschwäche nicht zu überzeugen vermag. Das gilt auch von dem von *v. Hippel* vorgeschlagenen Ausdruck der mangelnden Verstandesreife; wenn diese für die Frage der Zurechnungsfähigkeit ernstlich in Betracht kommt, handelt es sich eben doch immer wieder um pathologische Zustände, die unter den Begriff der krankhaften Störung der Geistestätigkeit fallen. Ebensowenig kann das Bedürfnis, ,,Entwicklungshemmungen" zu berücksichtigen, die Einführung der Geistesschwäche rechtfertigen, wie es der österreichische Entwurf von 1909 und 1912 tut.

Der V. E. erklärt schließlich den für zurechnungsunfähig, der *bewußtlos* ist. Wird der Begriff im engsten Sinne aufgefaßt, so braucht man darüber kein Wort zu verlieren, daß dann von Zurechnungsfähigkeit keine Rede sein kann; von einem Handeln im rechtlichen Sinne kann man bei ihm kaum sprechen, eher von einem Unterlassen. Es erscheint auch nicht unbedenklich, gegenüber einem Bewußtlosen mit der Möglichkeit einer vm. Z.r.f.k. zu rechnen. Freilich versteht die Rechtsprechung unter Bewußtlosigkeit jede erhebliche Beeinträchtigung des Bewußtseins. Dann erscheint es aber doch zweckmäßiger, den Ausdruck Bewußtlosigkeit, der somit immer einer Deutung oder Erklärung im Einzelfall unterworfen werden müßte, durch den zutreffenderen und auch dem Laien zweifellos verständlicheren Ausdruck ,,Störung des Bewußtseins" zu ersetzen. Ich lege keinen Wert darauf, das Adjektiv ,,krankhaft" hinzuzufügen, wenn ich auch oben die Beibehaltung des Ausdrucks krankhafte Störung der Geistestätigkeit vorgeschlagen habe. Fehlt das Beiwort krankhaft, so können auch die Zustände der Störung des Bewußtseins einbezogen werden, die der Laie als krankhaft anzusprechen sich sträuben wird. Ich meine nicht sowohl die Trunkenheit — die neueren Arbeiten über den Alkoholismus haben doch auch schon in weiteren Kreisen die Anschauung gezeitigt, daß die Trunkenheit eine Psychose ist —, eher die Hypnose, deren Bedeutung für die Begehung einer strafbaren Handlung in Laienkreisen noch vielfach gar zu sehr überschätzt wird, und vor allem die Schlaftrunkenheit. Gewiß werden solche Fälle nur sehr selten den Strafrichter beschäftigen. Aber wenn mit dieser Möglichkeit zu rechnen ist, so muß ihr eine neue Gesetzgebung Rechnung tragen; und sie kann das um so unbedenklicher, als der Rechtsprechung aus dieser Fassung keine Nachteile erwachsen.

Aus dieser Erwägung heraus bin ich für Beibehaltung der Störung des Bewußtseins, wenn ich auch sehr wohl weiß, daß der Sachverständige vielfach auf ein größeres Verständnis und Entgegenkommen bei den nicht sachkundigen Richtern rechnen kann, wenn er Dämmerzustände als krankhafte Störung der Geistestätigkeit auffaßt; einen grundsätzlichen Unterschied zwischen krankhafter Störung der Geistestätigkeit und Störung des Bewußtseins gibt es nicht. Ein Strafgesetzbuch, das nur für den Psychiater bestimmt wäre, brauchte eigentlich nur auf eine Störung der Geistestätigkeit Rücksicht zu nehmen. Aber aus praktischen Gründen halte ich die Beibehaltung der Bewußtseinsstörung doch für wünschenswert.

Fasse ich die bisherigen Ausführungen zusammen, so lehne ich die vom V. E. gewählte Ausdrucksweise ab. Die Ausdrücke geisteskrank und bewußtlos sind nicht allgemein verständlich und zudem ebenso wie blödsinnig zu wuchtig. Ich schlage vielmehr die Ausdrücke „krankhafte Störung der Geistestätigkeit" und „Störung des Bewußtseins" vor. Der Umfang der möglichen Fälle von Zurechnungsunfähigkeit wird durch sie nicht zu eng gezogen. Denselben Standpunkt vertritt übrigens der G. E. mit seinem § 13 I. Ich persönlich halte den Ausdruck „geistesschwach" für überflüssig, würde aber gegen seine Beibehaltung, sofern der von mir ja schon abgelehnte Ausdruck „geisteskrank" nicht gebraucht wird, keine erheblichen Bedenken haben.

Es fragt sich, mit welchen Worten der Gesetzgeber am besten die *psychologische* Seite des Problems umschreibt, d. h., um den E. S. 29 zu Worte kommen zu lassen, „die psychologischen Wirkungen, die als Folge jener biologischen Merkmale eintreten müssen, damit Unzurechnungsfähigkeit begründet wird".

Der V. E. erblickt dies Kriterium in dem *Ausschluß der freien Willensbestimmung* und schließt sich somit eng an den § 51 Str.G.B. an. Der V. E. betont ausdrücklich, daß er zu der rein philosophischen Frage des Determinismus und Indeterminismus keine Stellung nehmen will, wozu auch der Gesetzgeber übrigens gar nicht berufen ist! Nach der Begründung (S. 226) setzt der Gesetzgeber einen geistigen Zustand des Menschen voraus, „der nach der allgemeinen Volksanschauung als ein normaler die Verantwortlichkeit für strafbare Handlungen begründet"; von dieser Verantwortlichkeit ist nur abzusehen, soweit dieser Zustand in abnormer Weise ausgeschlossen oder beeinträchtigt ist. „Wird dieser Zustand mit der Fähigkeit zu freier Willensbestimmung in Verbindung gebracht, so ist dieser Ausdruck hiernach nicht in metaphysischem Sinne, sondern im Sinne des gewöhnlichen Lebens zu verstehen". Wie wenig aber dieser Hinweis berechtigt ist, erhellt daraus, daß der eine unter der freien Willensbestimmung im Sinne des gewöhnlichen Lebens den Wegfall der Beeinflussung oder Nötigung durch andere Personen versteht, während andere auf das Fehlen innerer Hemmungen verweisen. Ebensowenig kann es restlos befriedigen, wollte man mit *v. Liszt* unter der freien Willensbestimmung die jedem geistig reifen und gesunden Menschen eigne Bestimmbarkeit des Willens durch Vorstellungen verstehen. Es genügt, darauf hinzuweisen, daß *von Hippel* hervorhebt, Juristen und Mediziner ständen heute vor einem großen X., wenn sie im Zweifelsfalle über die Zurechnungsfähigkeit entscheiden sollten; sie verfahren dann entweder gefühlsmäßig oder nach persönlichen — vielleicht richtigen, vielleicht auch unrichtigen, jedenfalls aber nach gesetzlich unkontrollierbaren — Ansichten. Der österreichische Irrenärztetag hatte seinerzeit den Satz aufgestellt: Der Arzt ist nicht in der Lage, auf die Frage, ob beim Angeklagten freie Willensbestimmung vorhanden ist, eine wissenschaftlich begründete Antwort zu geben. Einstimmig ist von allen Kritikern die Bezugnahme des V. E. auf die freie Willensbestimmung, eine wahre crux ärztlicher Gutachtertätigkeit, abgelehnt worden, die, um praktisch verwertet zu werden, doch immer erklärt oder umschrieben, fast möchte man sagen, in eine auch dem Laien verständliche Fassung übersetzt werden muß. Wie der V. E. dazu kommt, in diesen Worten einen Ausdruck zu sehen, der „durch lange Gewöhnung volkstümlich" geworden ist, ist mir nicht recht verständlich. Somit muß ein zukünftiges St.G.B. auf die Heranziehung der freien Willensbestimmung verzichten.

Wenn aber die Begründung des V. E. angibt, eine bessere Bezeichnung hätte nicht zur Verfügung gestanden, und damit ihre Stellungnahme auch in negativer Hinsicht rechtfertigt, so muß dem widersprochen werden. Schon früher hatte *Kahl* gelegentlich seines Referats über die vm. Z.r.f.k. darauf hingewiesen, daß bei der strafrechtlichen Abschätzung der Minderwertigkeit sowohl der Intellekt wie die Willensreaktion berücksichtigt werden müßten; die Minderwertigkeit äußere sich entweder in dem Mangel an Verständnis für die Pflichten gegen die sozialrechtliche Ordnung oder in der geschwächten Widerstandsfähigkeit gegen verbrecherische Triebe im Einzelfall oder in beidem. Diesem Vorschlag, den übrigens auch der V. E., freilich an anderer Stelle, in seiner Denkschrift (S. 231) erwähnt, hatte sich im wesentlichen der Innsbrucker Juristentag 1904, auf dem *Kahl* sein Referat erstattet hatte, angeschlossen. *Aschaffenburg* hatte bei der Besprechung des V. E. auf den österreichischen Gesetzesentwurf von 1909 hingewiesen, nach dem nicht strafbar ist, „wer zur Zeit der Tat . . . . nicht die Fähigkeit besaß, das

Unrecht seiner Tat einzusehen oder seinen Willen dieser Einsicht gemäß zu bestimmen". *Aschaffenburg* hatte aber — vielleicht auch deshalb, um alles auszumerzen, was an die freie Willensbestimmung erinnern konnte — das Wort Willen beanstandet, das er ganz entfernt wissen möchte, und vorgeschlagen, die Worte „seinen Willen dieser Einsicht gemäß zu bestimmen", übrigens eine vom psychologischen Standpunkte aus widersinnige Ausdrucksweise, durch die Fassung „dieser Einsicht gemäß zu handeln" zu ersetzen, da nicht das Wollen, sondern das Handeln bestraft werde. Freilich konnte von verschiedenen Seiten mit Recht darauf hingewiesen werden, ohne den Begriff eines Willens komme man nun nicht aus, und mit ihm rechne doch auch sonst der Gesetzgeber (vgl. § 116, 117 E., nach denen die Geringfügigkeit oder Stärke des verbrecherischen Willens für die Annahme besonders leichter oder besonders schwerer Fälle maßgebend ist). Es muß aber doch zugegeben werden, daß die von *Aschaffenburg* vorgeschlagene Ausdrucksweise die natürlichere, die gegebene ist. Wer von uns würde sich, wenn er kein Vorbild hätte, der Ausdrucksweise des österreichischen Strafgesetzbuches bedienen?

Und um so weniger Veranlassung zu einer sklavischen Nachahmung, die der G. E. nicht mitgemacht hat, liegt heute vor, nachdem der neueste österreichische Entwurf von 1912 in § 3 ebenfalls unter Verzicht auf die Heranziehung des Willens schlechtweg von „handeln" spricht.

Von mancher Seite ist der Ausdruck „Unrecht" beanstandet worden, weil weniger die ethische als die strafrechtliche Bewertung einer Tat in Frage steht; es kommt nicht sowohl darauf an, „ob der Täter das Sittenwidrige der Tat einsehen kann, sondern auf die Fähigkeit, die Tat als rechtlich mißbilligt zu erkennen", führt der E. (S. 30) aus. Es gibt doch Handlungen, wie das Spielen in ausländischen Lotterien, die zwar strafbar sind, die aber vom moralischen Standpunkt aus nicht unbedingt als verboten gelten können. Man hat daher vorgeschlagen, das Wort Unrecht durch „Strafbarkeit" (G. E. § 13 I) zu ersetzen oder den noch vorsichtiger gewählten Ausdruck „Strafwürdigkeit", der nur der Möglichkeit der Strafbarkeit entspricht, zu nehmen. Der Einwand, das Wort „Strafbarkeit" zu wählen, sei nicht ratsam, da es strafrechtliche Bestimmungen gebe, über deren Berechtigung auch der Durchschnittsmensch im Zweifel sein könne, widerlegt nicht seine Brauchbarkeit im Strafrecht, da die Bestimmung über die Z.r.u.f.k. von der Voraussetzung ausgeht, der Mangel der Einsicht in die Strafbarkeit müsse psychiatrisch bedingt sein. Der neue Österreichische Entwurf aus dem Jahre 1912 hat die Ausdrucksweise „das Unrecht" beibehalten, da es weniger auf die Normwidrigkeit, als auf den gemeinschädlichen, antisozialen Charakter der Tat ankommt.

Die weitere Befürchtung, durch den Hinweis auf das Einsichtsvermögen werde gar zu einseitig Wert auf die intellektuelle Seite gelegt, wie es hinsichtlich § 56 I St.G.B. der Fall ist, wird beseitigt durch den Zusatz, der auch die Bestimmbarkeit berücksichtigt.

Schon der G. E. hatte den zahlreichen und nur zu berechtigten Kritiken des V. E. Rechnung getragen. In demselben oder noch höherem Maße der K. E. und der E. Nach § 10 des E. ist nur der strafbar, „wer schuldhaft handelt". „Schuldhaft handelt, wer den Tatbestand einer strafbaren Handlung vorsätzlich oder fahrlässig verwirklicht und zur Zeit der Tat zurechnungsfähig ist". Dieser Wortlaut des § 10 II unterscheidet zwischen dem subjektiven und objektiven Tatbestand; freilich nicht ganz scharf; denn schon die Entscheidung über das Vorliegen von Vorsätzlichkeit oder Fahrlässigkeit bedeutet eine Stellungnahme des Richters zum subjektiven Tatbestand.

Die Bestimmung des E., die für die Frage der Zurechnungsfähigkeit maßgebend ist, lautet: „Nicht zurechnungsfähig ist, wer zur Zeit der Tat wegen Bewußtseinsstörung, wegen krankhafter Störung der Geistestätigkeit oder wegen Geistesschwäche unfähig ist, das Ungesetzliche der Tat einzusehen oder seinen Willen dieser Einsicht gemäß zu bestimmen" (§ 18 I).

Mit Absicht habe ich die Kritik des V. E. ausführlich, vielleicht ausführlicher als mancher erwartet hat, wiedergegeben. Ich halte mein Vorgehen für berechtigt, weil ich so Gelegenheit hatte, zu grundsätzlichen Fragen über die Fassung einer die Zurechnungsfähigkeit regelnden Gesetzesbestimmung Stellung zu nehmen. Auch die Denkschrift, die sich im allgemeinen darauf beschränkte, den E. mit dem geltenden Strafrecht zu vergleichen, hält für den, der sich näher über die Gründe der Vorschläge des E. unterrichten will, ein Zurückgehen auf die Begründung zum V. E. für notwendig (S. 8). Daraus ergibt sich aber, daß ich mit der Fassung des E. im wesentlichen einverstanden bin. Ich möchte nur nochmals hervorheben, daß ich den Ausdruck geistesschwach, von dem auch der G. E. absieht, nicht für nötig halte. Aber rein formal-juristische Erwägungen mögen seine Einführung vielleicht erwünscht erscheinen lassen, und gegen seine Beibehaltung sprechen nicht so ernste Bedenken, daß ich auf Streichung dringen muß. Für richtiger, schon weil es einfacher und natürlicher ist, halte ich es, schlechtweg von „handeln" statt von „seinen Willen . . bestimmen" zu reden.

Mir fällt auf, daß im Gegensatz zu dem geltenden Recht, dem V. E. und G. E. der K. E. und E. als z.r.u.f. den bezeichnet, „der . . . . unfähig ist". Warum wird das Zeitwort in der Gegenwart angewandt, während es sich doch um die Beurteilung eines in der Vergangenheit liegenden Zustandes, einer abgeschlossenen Tätigkeit, handelt? Sagt doch das jetzige St.G.B., eine strafbare Handlung liegt nicht vor, wenn . . . . sich befand. Freilich wendet der E. in allen Legalitätsdefinitionen das Zeitwort in der Gegenwart an (vgl. §§ 9, 10, 11, 12, 14 usw.), wie es auch der österreichische Entwurf von 1912 im Gegensatz zu seinen Vorgängern tut. Um so mehr fällt es auf, wenn § 18 II 1 lautet: „*war* die Fähigkeit . . . vermindert, so ist die Strafe zu mildern". Warum der Gesetzgeber nicht folgerichtig vorgeht, ist nicht ersichtlich (vgl. „beruhten" in § 18 II, 2; § 19 II; § 12 I, II).

Diese Gelegenheit möchte ich benutzen, auf das Fehlerhafte des immer wiederkehrenden Ausdrucks „unzurechnungsfähig" und „Unzurechnungsfähigkeit" hinzuweisen. Er ist sprachlich nicht richtig, da die Negation sich doch nicht auf die Zurechnung, sondern auf die Fähigkeit bezieht; eine bestimmte Fähigkeit oder, richtiger gesagt, persönliche Eigenschaft wird durch die Geistesstörung ausgeschlossen. Es bedeutet doch etwas ganz anderes, ob ich sage, der Angeklagte bietet nicht die Möglichkeit, daß ihm die strafbare Handlung zugerechnet werden kann, oder wenn ich sage, der Angeklagte bietet die Möglichkeit, daß er nicht verantwortlich gemacht werden kann. Es liegt auf der Hand, daß der Ausdruck z.r.u.f. nur den ersterwähnten Fall erfassen soll. Es würde auch keinem einfallen, von Unzeugungsfähigkeit zu sprechen! Der E. vermeidet im Gesetzestext die gerügten Ausdrücke und spricht nur von „nicht zurechnungsfähig" oder „fehlende Zurechnungsfähigkeit". Die Denkschrift gebraucht die von mir gerügten Ausdrücke aber unbedenklich (vgl. S. 29). Wir haben sie so oft und so lange gebraucht, daß wir uns gar nicht mehr an ihrer widersinnigen Zusammensetzung stoßen. Ich meine, wir sollten die Gelegenheit der Schaffung eines neuen Strafgesetzbuchs benutzen, um den sprachlich allein richtigen Ausdruck „Zurechnungsunfähigkeit" in den Wortlaut des Gesetzes und damit in den allgemeinen Sprachgebrauch einzuführen.

*Sommer* hat übrigens Recht, wenn er auch den Ausdruck Zurechnungsfähigkeit beanstandet. Er bedeutet doch eigentlich die Fähigkeit, jemandem eine Handlung als strafbar anzurechnen oder anrechnen zu können. Nur einem völlig unlogischen Verwechseln von Subjekt und Objekt ist es zuzuschreiben, daß der Ausdruck auf den Täter bezogen wird, dem eine Handlung zugerechnet oder nicht zugerechnet werden soll; er bedeutet in diesem übertragenen Sinne die persönliche Voraussetzung, die Geistesbeschaffenheit, die es dem Richter gestattet, dem Täter die Handlung zuzurechnen. So sehr somit auch der Ausdruck zurechnungsfähig sprachlich zu verwerfen ist, so ist er doch derart eingebürgert, daß es nicht möglich sein wird, ihn auszumerzen.

Es genügt natürlich, daß nur eines der beiden gleichwertig nebeneinander stehenden *psychologischen Kriterien* zutrifft; der Täter hat infolge des geistigen Defekts entweder nicht oder nicht mehr die Fähigkeit, das Ungesetzliche der Tat einzusehen; oder er kann nicht dieser Einsicht gemäß handeln, wie bei Zwangszuständen, bei Melancholie, bei Schizophrenie usw. Beide Voraussetzungen brauchen in ein und demselben Falle nicht vorzuliegen, um die Annahme der Z.r.u.f.k. berechtigt erscheinen zu lassen; um so leichter die Beurteilung und Entscheidung, wenn es dennoch der Fall ist. Trifft weder die eine noch die andere Voraussetzung zu, so kann die geistige Störung, mag sie dem Kliniker noch so ernst erscheinen, niemals Z.r.u.f.k. nach sich ziehen.

Der deutsche Entwurf verlangt das Einsichtsvermögen in das Ungesetzliche der Tat. Der österreichische Entwurf nimmt bezug auf das Unrecht. *Aschaffenburg* stimmt dem Vorgehen des E. zu, *Göring* billigt den Standpunkt des österreichischen E. Allzugroß ist der Unterschied wohl nicht. Denn wie *von Hippel* mit Recht ausführt, liegt die Differenz nur darin, daß „dort auf die richtige Einschätzung der Tat das Urteil *möglicher Strafbarkeit*, hier das Urteil, daß sie „*unrecht*" ist, gegründet werden kann. Beides aber kommt praktisch wesentlich auf dasselbe heraus".

Maßgebend ist der Geisteszustand des Täters *zur Zeit der Tat*, wie sich aus der Fassung des Gesetzes in Übereinstimmung mit dem geltenden Recht ergibt. Daß insbesondere Störungen, die erst nach Begehung der strafbaren Handlung auftreten — ich meine vor allem die so häufigen Haftpsychosen —, für die Frage der Z.r.f.k. ausscheiden, bedarf keines Beweises. Der E. bringt diesen doch eigentlich selbstverständlichen Standpunkt sogar zweimal zum Ausdruck, in § 10 und § 18. Ist das wirklich nötig? Warum nicht: „Schuldhaft handelt der Zurechnungsfähige, der den Tatbestand . . . verwirklicht" (§ 10 I) und dann § 18 in der vorliegenden Fassung?

Die Ausdrucksweise des geltenden Rechts macht es unmöglich, den *Anstifter* oder *Gehilfen* des Z.r.u.f. zu bestrafen, und ebensowenig gestattet sie es etwa, die Waffe, mit der der z.r.u.f. Täter sein Opfer erschossen hat, zu beschlagnahmen. Ich erinnere mich noch sehr gut, welch tiefen Eindruck es auf mich machte, als ich es zum erstenmal vor einem Schwurgericht erlebte, daß der Gehilfe eines z.r.u.f. Angeklagten aus diesen rein formalen Gründen freigesprochen werden mußte, obwohl er sich ein schweres Verbrechen hatte zu Schulden kommen lassen; und ich habe dasselbe wiederholt erlebt. Ich weiß, daß man in der Praxis auf Umwegen versucht, dieses widersinnige Ergebnis, das durch die Fassung des § 51 St.G.B. bedingt ist, zu beseitigen. Das geltende Strafrecht leugnet bei Z.r.u.f.k. des Täters überhaupt das Vorliegen einer strafbaren Handlung, während der V. E. in diesem Fall einen persönlichen Strafausschließungsgrund, der K. E. und E. einen Schuldausschließungsgrund annimmt. Daraus ergibt sich, daß der Teilnehmer eines z.r.u.f. Täters nach dem E. ohne weiteres bestraft werden kann und muß. Um alle Zweifel zu beheben, hat § 26 II E. noch ausdrücklich bestimmt, daß auch der mittelbare Täter bestraft wird, d. h. „wer vorsätzlich veranlaßt, daß eine Straftat durch einen anderen zur Ausführung gelangt, der . . . . nicht zurechnungsfähig ist". Denn der Täter bedient sich des anderen unter der Voraussetzung seiner Z.r.u.f.k. als eines gefügigen Werkzeuges, um seine verbrecherische Absicht auszuführen. Es erscheint durchaus berechtigt, wenn weiter bestimmt wird, daß die mittelbare Täterschaft nicht dadurch aufgehoben wird, daß sich nachträglich ergibt, der andere sei in Wahrheit z.r.f. gewesen. In der Fortführung dieses Gedankens wird nach § 28 I 2 E Anstiftung auch dann angenommen, wenn sich erst nachträglich ergibt, daß der Angestiftete nicht zurechnungsfähig war. Wußte dieses der Anstifter schon vorher, so war der andere mittelbarer Täter. Für die Strafbarkeit des Gehilfen — darunter versteht der E. § 29 I 1 den, der einem anderen, der den Tatbestand eines Verbrechens oder vorsätzlichen Vergehens verwirklicht hat, hierzu durch Rat oder Tat Hilfe geleistet hat, — ist es belanglos, ob der andere z.r.f. ist und ob der Gehilfe dies weiß. Und wenn schließlich § 83 E. die Einziehung von Sachen, die durch eine Straftat hervorgebracht sind, oder die zur Begehung einer Straftat gebraucht worden sind oder bestimmt waren, vorschreibt, ohne dabei auf die Z.r.f.k. des Täters besonders Bezug zu nehmen, so bedarf es eines derartigen Zusatzes nach dem Wortlaut des § 18 I nicht. Der G. E. sah sich durch seine der alten Fassung ähnelnde Ausdrucksweise der für die Z.r.f.k. maßgebenden Bestimmung (§ 13) gezwungen, durch eine Sonderbestimmung (§ 80 II 1 G. E.) auch in derartigen Fällen die Einziehung zu ermöglichen; die Zulässigkeit einer Bestrafung für die übrigen oben angeführten Fälle faßt er einheitlich in einem § 34 zusammen, nach dem die Bestrafung der Teilnehmer (Anstifter, Gehilfen) ohne Rücksicht auf die Strafbarkeit der Person des Täters erfolgt.

Das Mißtrauen, das man dem Irrenarzt als Sachverständigen vor Gericht fast aller Orten entgegenbringt, ist nicht so sehr darauf zurückzuführen, daß der Psychiater geneigt sei, jeden Angeklagten für krank zu halten — wie wenig dieser so häufig gegen uns erhobene Vorwurf zutrifft, habe ich anderen Orts nachgewiesen![1]) —, als vielmehr darauf, daß es mit seiner Hilfe vielfach zu einer Freisprechung des Angeklagten komme, die dem Rechtsbewußtsein des Volkes ins Gesicht schlage; und um so nachdrücklicher macht sich dies Gefühl geltend, wenn der freigesprochene Angeklagte ausgesprochen verbrecherische Neigungen hat, ohne daß sofort die Gesellschaft vor ihm etwa durch seine Unterbringung in einer Irrenanstalt geschützt wird.

Mit vollem Recht hat daher der E. im Anschluß an die früheren Entwürfe seine Hauptaufgabe darin gesehen, über das Gebiet der Strafe hinaus dem Gericht die Befugnis zu verleihen, „*Maßregeln der Besserung und Sicherung*" anzuordnen. Diesen Maßnahmen, deren Bedeutung schon äußerlich darin zutage tritt, daß ihnen ein besonderer Abschnitt

[1]) Von 22 der Greifswalder Klinik Überwiesenen wurden 5, von 77 der Göttinger Anstalt Überwiesenen 11 für zurechnungsunfähig erklärt.

im E. gewidmet ist, „liegt der Gedanke zugrunde, daß es Fälle gibt, wo der Täter in seinem eigenen Interesse und mit Rücksicht auf die Allgemeinheit sich nicht selbst überlassen bleiben kann, ein staatlicher Eingriff unter dem Gesichtspunkt der Strafe sich aber vom Standpunkte der Schuldhaftung nicht oder nicht in dem erforderlichen Maße rechtfertigen läßt" (S. 84).

Sichernde oder bessernde Maßnahmen können gegenüber Geisteskranken, die für strafbare Handlungen nicht verantwortlich gemacht werden dürfen, in ganz besonderem Maße angebracht sein. Aber natürlich nur dann, „falls die öffentliche Sicherheit diese Maßregel erfordert" (§ 88 I). Schon der V. E. § 65 I 1 hatte das Wort öffentliche Sicherheit gebraucht. Ernste Bedenken wurden gegen diese Ausdrucksweise vorgebracht, da unter Umständen die Sicherheit einer einzelnen Person oder private Rechtsgüter schlechtweg nicht genügend geschützt seien. Als Ersatz wurde, auch von mir, das Wort Rechtssicherheit empfohlen, das auch der G. E. § 14 I 1 anwendet.

Die Rechtssicherheit wird in diesem Zusammenhange natürlich so lange gefährdet, als die Person noch geistesgestört ist und infolge ihrer Geistesstörung an kriminellen Neigungen leidet. Daraus ergibt sich, daß eine sichernde Maßnahme nicht mehr verhängt werden darf, wenn die geistige Störung schon abgeklungen ist oder sich so weit gebessert hat, daß Verstöße gegen die Rechtsordnung nicht mehr zu erwarten sind. Es würde geradezu als Vergeltung in der rohesten Form gedeutet werden müssen, wollte man in derartigen Fällen die Freisprechung durch zwangsweise Internierung wettmachen. Die Maßnahmen setzen vielmehr voraus 1. das Weiterbestehen der geistigen Störung, die die Z.r.u.f.k. bedingt hat, und 2. eine auf sie zurückzuführende Gefährdung der Rechtssicherheit. Der Richter kann ohne Sachverständigen diese qualifizierte Prognose nicht stellen.

Der E. kennt *zwei Formen* einer sichernden Maßnahme, die Schutzaufsicht und die Verwahrung in einer öffentlichen Heil- oder Pflegeanstalt.

Nur in leichten Fällen wird die *Schutzaufsicht*, die mildere Form, ausreichen. Der V. E. (S. 182/183) hatte ihre Einführung abgelehnt, weil sie eine in das Gebiet der freiwilligen Gerichtsbarkeit fallende Fürsorgemaßnahme sei und deshalb nicht in das Strafgesetzbuch gehöre. Einen anderen Standpunkt nahm schon der G. E. § 60 ein, der meint, daß diese fürsorgende Maßnahme ebenso zum Bereich des Str.G.B. gehöre wie die zahlreichen, bereits vom V. E. aufgenommenen sichernden Maßnahmen, die, im weiteren Sinne verstanden, unmittelbar auch die fürsorgenden umfassen. Liegen doch viele sichernde Maßnahmen auf der Grenze zwischen sichernden und fürsorgenden. § 65 E. bestimmt, daß das Gericht einen Verurteilten, dessen Strafe es bedingt aussetzt, unter Schutzaufsicht stellen kann; auch kann es ihm besondere Pflichten auferlegen. An welche Voraussetzungen die bedingte Strafaussetzung (§§ 63, 64) geknüpft ist, kann hier unberücksichtigt bleiben. Das wesentlichste ist, daß die Schutzaufsicht in Kraft tritt, wenn das Gericht die Strafvollstreckung im Urteil aussetzt und zwar in der ausgesprochenen Absicht, „damit der Verurteilte sich durch gute Führung während einer Probezeit Straferlaß verdienen möge“.

Wie das Wort Schutzaufsicht besagt, bezweckt sie zweierlei; einmal soll sie dem unter Schutzaufsicht Gestellten einen Schutz gewähren, und anderseits soll er beaufsichtigt werden. Wenn sich auch der E. genauer über das Wesen der Schutzaufsicht nicht ausläßt, so läßt sich doch sagen, daß diese Neuerung, „die Bestellung eines persönlichen Pflegers und Fürsorgers“ (*Kahl*), einen erheblichen Fortschritt gegenüber dem jetzigen Recht bedeutet, das nur eine Polizeiaufsicht kennt. Freilich kann die Schutzaufsicht in dem oben erörterten ursprünglichen Sinne nicht für den Z.r.u.f. gelten, weil bei ihm naturgemäß ebensowenig wie von einer Strafe auch von einer Strafaussetzung die Rede sein kann. Wenn der E. dem zur Schutzaufsicht Verurteilten (§ 65) besondere Pflichten auferlegt, so muß er sinngemäß dem mit seiner Beaufsichtigung Beauftragten auch gewisse Rechte einräumen. Ich würde es für richtig halten, ausdrücklich vorzusehen, daß an Stelle der Schutzaufsicht sofort die Verwahrung (§ 88 I) tritt oder treten kann, falls die Schutzaufsicht nicht ausreicht, wenn also beispielsweise sich der Schützling nicht den gebotenen Maßnahmen des Fürsorgers fügt und die Gefahr eines Rückfalles droht, oder auch nur die weitere Besserung der Geistesstörung durch das Verhalten des Kranken in Frage gestellt wird.

Für den Fall, daß die Schutzaufsicht nicht „genügt“, sieht der E. die *Verwahrung* in einer *öffentlichen Heil- oder Pflegeanstalt* vor, die ebenfalls das Gericht anordnet. Daß das Gericht es ist, das diese Maßnahme anordnet, ist nur zu billigen, da es auf Grund der Hauptverhandlung, nach Kenntnis der Akten und des Gutachtens des Sachverständigen nicht nur das beste Bild von der Straftat, sondern auch, was viel wichtiger ist, von der Eigenart des Täters gewonnen hat. Und seiner Entscheidung wird um so größere Bedeutung beizumessen sein, wenn es bereits im Urteil die Verwahrung anordnet, also unter dem frischen Einfluß der unmittelbar vorher erlebten Eindrücke.

Die Z.r.u.f. sind Kranke. Insofern gehören sie zweifellos in eine Krankenanstalt, und ihrer Einweisung in eine Heil- oder Pflegeanstalt kann man nicht widersprechen, da sie hier die besten Vorbedingungen zu einer sachgemäßen Behandlung oder gar Heilung finden.

Nach § 89 I bewirkt die Landespolizeibehörde die Verwahrung. Es ist also nicht mehr in ihr eigenes Ermessen gestellt, ob sie einen z.r.u.f. Rechtsbrecher einer Anstalt überweisen will oder nicht. Das ist mit großer Freude zu begrüßen, zumal dann nicht mehr mit dem Hinweis auf die hohen Kosten, die durch die Anstaltspflege entstehen, oder unter Bezugnahme auf ein anders lautendes Gutachten des für die Polizei zuständigen Arztes die Verwahrung des gesellschaftsfeindlichen Individuums verzögert wird oder gar ganz unterbleibt — sehr zum Schaden der Allgemeinheit.

Bei der Mannigfaltigkeit der Geistesstörungen, die eine Z.r.u.f.k. bedingen können, und der Unmöglichkeit, ihren Verlauf im voraus zu bestimmen, ist es durchaus angebracht, daß das Gesetz von der Festsetzung einer bestimmten Zeitdauer der Verwahrung absieht. Die Entlassung muß natürlich erfolgen, wenn das Individuum von seiner geistigen Störung genesen ist oder zum mindesten eine kriminelle Betätigung von ihm nicht mehr zu erwarten ist; letzteres kann unter Umständen auch durch eine Besserung der äußeren Verhältnisse bedingt sein. Selbstverständlich muß bei der Entscheidung der Frage der Entlassung nicht nur das Interesse des Einzelnen, der nicht länger verwahrt werden darf, als es die Rücksicht auf die Gesellschaft erfordert, gewahrt werden, sondern auch das Interesse der Öffentlichkeit, die Wert darauf legen muß, vor gesellschaftsfeindlichen Angriffen solcher Elemente geschützt zu werden. Der E. trägt diesen Bedenken Rechnung, wenn er sagt, eine Fortdauer der Verwahrung über zwei Jahre könne nur das Gericht anordnen. Ordnet es die Fortdauer an, so bestimmt es zugleich, wann von neuem eine Entscheidung einzuholen ist.

Nicht zustimmen kann ich der Bestimmung, daß die Landespolizeibehörde über die Entlassung bestimmt. Es erscheint mir nicht nur sinngemäßer, sondern auch sachlich richtiger, die Entscheidung über die Frage der Entlassung überhaupt den Gerichten zu überlassen. Warum die Gerichte erst in Tätigkeit treten sollen, wenn die Verwahrung zwei Jahre gedauert hat, ist nicht recht einzusehen.

### *B) Vermindert Zurechnungsfähige.*

Wie sich aus meinen Ausführungen ergibt, ist bei der Formulierung der Begriffsbestimmung der Zurechnungsfähigkeit ein Verzicht auf die gemeinsame Berücksichtigung psychiatrischer und juristischer oder vielmehr biologischer und psychologischer Kriterien nicht möglich, da die geistigen Mängel nach Grad und Schwere außerordentlich verschieden sind. Fließende Übergänge führen von einer normalen Intelligenz über die noch physiologische Dummheit und mäßigen Schwachsinn zur Idiotie. Räumt man psychischen Mängeln einen Einfluß auf die Z.r.f.k. ein, so muß man ihn im praktischen Leben abstufen können und darf sich nicht mit einem schroffen aut — aut begnügen, so sehr man auch zugeben muß, „daß die Zurechnungsfähigkeit als juristischer Begriff nur bejaht oder verneint werden kann“. Es gibt eben zweifellos geistige Mängel, die eine nur geringe Schuld bedingen. Die Einführung des Begriffs der vm. Z.r.f.k. ist eine Forderung, die, wie *Wollenberg* mit Recht hervorhebt, dem unbestreitbar zutreffenden Satze Rechnung trägt, daß sich zwar die Begriffe der Z.r.u.f.k. und Geisteskrankheit, nicht aber die der Z.r.f.k. und Geistesgesundheit decken. Aber nicht nur, daß zwischen Zuständen der Z.r.u.f.k. und denen der vm. Z.r.f.k. lediglich quantitative Unterschiede bestehen, es muß gegenüber den Ausführungen des V. E. und E. betont werden, daß es auch Zustände gibt, bei denen Z.r.u.f.k. nicht in Frage kommt, bei denen aber eine uneingeschränkte Z.r.f.k. anzunehmen ebensowenig angebracht wäre. Dadurch erleidet natürlich die Richtigkeit des Satzes, daß aufgehobene und vm. Z.r.f.k. nur dem Grade, nicht dem Wesen nach verschieden sind (V. E. S. 231), ,,daß bei der verminderten Zurechnungsfähigkeit ein geringerer Grad der in dem psychologischen Merkmal umschriebenen Unfähigkeit vorausgesetzt wird" (E. S. 30), keine Einbuße.

Wenn gerade Psychiater für die Einführung der vm. Z.r.f.k. schon vor langem eingetreten sind — und hierfür war neben der Erkenntnis der großen sozialen Gefährlichkeit der so zu beurteilenden Individuen auch die Beobachtung maßgebend, daß gar viele von ihnen Strafe schlecht vertrugen —, so darf das allein für unsere Stellungnahme nicht entscheidend sein. Gibt es doch auch in unseren Kreisen manche, die sicher recht beachtenswerte Bedenken gegen die Einführung der vm. Z.r.f.k. vorbringen. Aber ebenso bestimmt muß hervorgehoben werden, daß auch in den weitesten Kreisen der Juristen, sowohl der Theoretiker wie der Praktiker, ein sehr dringendes Verlangen nach Schaffung einer vm. Z.r.f.k. besteht. Ich nehme vor allem Bezug auf die treffliche Arbeit von *Kahl* in der vergleichenden Darstellung des Deutschen und ausländischen Strafrechts Bd. I, S. 1—78.

Fast alle deutschen Partikulargesetze bis zur Einführung des geltenden Strafgesetzbuchs kannten eine vm. Z.r.f.k. Auch der erste Entwurf eines Strafgesetzbuches für den Norddeutschen Bund sah sie im § 47 vor (,,Befand sich der Täter zur Zeit der Tat in einem Zustande, welcher die freie Willensbestimmung zwar nicht völlig ausschloß, aber dieselbe beeinträchtigte, so ist auf eine Strafe zu erkennen, welche nach den über die Bestrafung des Versuchs aufgestellten Grundsätzen abzumessen ist") und konnte sich zur Stütze seines Standpunktes auf ein Gutachten der inzwischen entschlafenen Preußischen wissenschaftlichen Deputation für das Medizinalwesen berufen, das die Anerkennung einer vm. Z.r.f.k. ,,vom Standpunkt der medizinischen Wissenschaft aus als einen wesentlichen Fortschritt gegen die frühere rechtliche Auffassung" begrüßte. Der Reichstag strich die ,,doch immerhin zweifelhafte Bestimmung" als entbehrlich unter Hinweis auf die Verallgemeinerung mildernder Umstände, die zwar in Aussicht genommen war, tatsächlich aber nicht durchgeführt wurde. Nach *Kahl* ist dieser Entscheidung eine reifliche Prüfung nicht vorhergegangen. Füge ich noch hinzu, daß fast alle neueren Gesetze mit einer vm. Z.r.f.k. rechnen, so kann man der Ausführung des V. E. nur beipflichten, nach der ihre Berücksichtigung in einem Strafgesetz der Zukunft eine fast allgemeine Forderung der juristischen und medizinischen Wissenschaft ist. Das geltende deutsche Strafgesetz erkennt eine solche nicht ausdrücklich an, nur in einem gewissen Grade bei Jugendlichen, bei unehelich Gebärenden und bei Taubstummen.

Die Bedenken gegen die Annahme einer vm. Z.r.f.k. liegen, abgesehen davon, daß die sie bedingenden Zustände schwer erkennbar und abzugrenzen seien, daß ihre Kennzeichnung in einer für Richter und Ärzte gleich brauchbaren Formel kaum zu finden sei, vor allem darin, daß einer verminderten Schuld zwar eine mildere Strafe entspricht, daß diese aber um so weniger angebracht ist, weil viele vm. Z.r.f. eine ausgesprochen antisoziale Tendenz haben. Man spricht in dieser Beziehung geradezu von der sozialen Kehrseite der vm. Z.r.t.k.! Diese erhöhte Neigung zu freveln könnte durch eine Milderung der Strafe nur gefördert werden. Also ein sehr gefährlicher circulus vitiosus! Dieser Gesichtspunkt trifft durchaus zu. Er darf aber nicht dazu führen, die Berechtigung der Einführung oder Beibehaltung der vm. Z.r.f.k. zu bestreiten, wenn es gelingt, durch entsprechende Maßnahmen sowohl das Interesse der Gesellschaft wie das des einzelnen zu wahren. Wird diese Aufgabe gelöst, so wird damit auch der Einwand widerlegt, daß die Berücksichtigung der vm. Z.r.f k. gar zu leicht zu einer Simulation verleiten könne. Es darf nicht übersehen werden, daß der E. wie seine Vorgänger auch bei den vm. Z.r.f. eine Verwahrung vorsicht; damit fällt aber für den Verbrecher der Anreiz weg, sich zu Unrecht die Zubilligung einer vm. Z.r.t.k. zu sichern, die sich vielleicht leichter erreichen läßt als die unberechtigte Annahme voller Z.r.u.f.k.

Ich will auf den gelegentlich der Besprechung des V. E. mit so viel Temperament geführten Streit über die Berechtigung der vm. Z.r.f.k. hier nicht weiter eingehen; das würde mich zu weit führen.

Ich persönlich bin der Ansicht, daß man mit einer vm. Z.r.f.k. rechnen muß und darf, ohne hiervon erheblichen Nachteil für den einzelnen oder die Gesamtheit befürchten zu müssen. Zur Stütze meiner Ansicht kann ich mich darauf berufen, daß auch der K. E. wie der E. uneingeschränkt eine vm. Z.r.f.k. anerkennen, obwohl ihnen die durch den V. E. hervorgerufene, recht umfangreiche Kritik sicherlich bekannt war.

Nur so ergibt sich die Möglichkeit, der Eigenart der als vm. z.r.f. anzusehenden Individuen in den Strafanstalten weitgehend Rechnung zu tragen, und sie auch nach Abbüßung der Strafe entsprechend ihrer Individualität zum Schutze der Gesellschaft zu verwahren. Auch mag es schließlich erlaubt sein, darauf hinzuweisen, es könne dem Verurteilten selber, vielleicht noch mehr seiner Familie, ein Hinweis darauf erwünscht sein, daß bei Begehung der strafbaren Handlung eine geistige Minderwertigkeit nicht ohne Bedeutung gewesen ist.

Gibt man die *grundsätzliche Berechtigung* des Begriffs der vm. Z.r.f.k. zu, so fragt es sich, wie er am zuverlässigsten zu *formulieren* ist.

Es liegt natürlich nahe, sich dabei an die Begriffsumschreibung der Z.r.u.f.k. zu halten. Wenn diese aber so getroffen wird, wie es der V. E. getan hat, kann es nicht wundernehmen, wenn die sich daran anschließende Begriffsumschreibung der vm. Z.r.f.k. noch lebhafter als die Definition der Z.r.u.f.k. angefeindet wird; denn man kann sich nicht vorstellen, wie man bei einem Zustand von der Schwere, den der Gesetzgeber Blödsinn oder Bewußtlosigkeit nennt, von einer Minderung der Z.r.f.k. reden kann. Und wenn ein Jurist ein wenig spöttelnd fragte: „Was ist ein hoher Grad von Verminderung der freien Willensbestimmung? Die Psychiater können darunter alles mögliche denken", so kann demgegenüber nur darauf hingewiesen werden, daß die Psychiater, die wahrlich keine Schuld an der Fassung des V. E. trifft, nicht minder ernstlich und nachdrücklich für eine brauchbarere Formulierung der für die Annahme der vm. Z.r.f.k. maßgebenden Vorschrift eingetreten sind.

Insofern hat sich die Sachlage aber jetzt gebessert, als der E. die Z.r.u.f.k. so umschreibt, daß man im großen und ganzen zustimmen kann. § 18 II 1 des E. lautet dementsprechend: „War die Fähigkeit zur Zeit der Tat aus einem dieser Gründe nur in hohem Grade vermindert, so ist die Strafe zu mildern "

Ich lasse es dahingestellt, ob es sich nicht empfiehlt, statt „die" Fähigkeit „diese" zu sagen. Wendet der Gesetzgeber das Zeitwort in den Legaldefinitionen grundsätzlich im Präsens an, so muß er auch hier sagen: „Ist die Fähigkeit —". Größere Schwierigkeiten bereiten die Worte „nur in hohem Grade". Schon der V. E. (§ 63 II 1) hatte als vm. z.r.f. die bezeichnet, bei denen infolge psychischer Defekte die freie Willensbestimmung „in hohem Grade" vermindert war, um zu verhüten, daß jeder geistigen Anomalie ein vom Gesetzgeber nicht gewollter Einfluß zuerkannt wurde. Wer sich allzu ängstlich an diesen Wortlaut hält, kann Gefahr laufen, auch die Z.r.u.f. der Gruppe der vm. Z.r.f. einzuverleiben; richtiger spräche man dann, wie schon von Kritikern des V. E. geäußert wurde, nicht von einer vm. Z.r.f.k., sondern von einer verminderten Zurechnungsunfähigkeit. Das ist aber zweifellos nicht die Absicht des Gesetzgebers. Das beweist schon der Nachdruck, mit dem *Kahl*, ein Führer unter den Juristen im Streit um die vm. Z.r.f.k., für die Berechtigung der Strafe bei verminderter Zurechnungsfähigkeit eintritt.

*Aschaffenburg* nennt, um auch einem Mediziner das Wort zu geben, die vm. Z.r.f. Grenzfälle, und zwar, wie man unbedingt annehmen müsse, mehr nach der Grenze der Z.r.f.k. als nach der Grenze der Z.r.u.f.k.

Immerhin erscheint mir der von vielen Seiten gelegentlich der Kritik des V. E. gemachte Vorschlag, die Worte „in hohem Grade" durch „wesentlich" oder „erheblich" wie der österreich. V. E. 1909 zu ersetzen, durchaus beachtenswert. Diese Änderung kann auch dem Gutachter nur erwünscht sein, der schwerlich im Einzelfall zu sagen vermag, daß noch ein Rest von Z.r.f.k. vorhanden ist. Ich stelle dem Gesetzgeber anheim, zu erwägen, das Wort „nur" wegzulassen, das sich nur im E. und K.E., aber nicht im V.E. findet, wenngleich mit seiner Einführung eine Annäherung der vm. Z.r.f. an die Z.r.f., also ein weiteres Abrücken von der Gruppe der Z.r.u.f. zum Ausdruck gebracht werden sollte.

Mir ist bekannt, daß gelegentlich der Kritik des V. E. von verschiedenen Seiten der Wunsch geäußert wurde, man möge für die vm. Z.r.f.k. eine mehr allgemein gehaltene, freiere Ausdrucksweise, eine Begriffsbestimmung, die sich nicht so sehr an die Umgrenzung der Z.r.u.f.k., vor allem hinsichtlich der biologischen Merkmale hält, wählen. Dieser Wunsch wurde mit der Forderung begründet, man müsse der Eigenart des Täters weitestgehend Rechnung tragen. Ich glaube, daß die im E. angewandte Umschreibung der vm. Z.r.f.k. diese Möglichkeit gibt. Und dann ist es doch sicher freudig zu begrüßen, wenn der Gesetzgeber in einheitlicher Weise die verschiedenen Fälle regelt, in denen die Z.r.f.k. aufgehoben oder vermindert sein kann, wie es der E. in § 18 I, § 19 I, 130 tut.

Es fragt sich: Welcher Art soll die Reaktion auf die Straftat bei vm. Z.r.f.k. sein? Sieht man in diesen Minderwertigen nur die trotz psychischer Mängel noch Z.r.f. (*Moeli*), so kann davon keine Rede sein, daß man ihnen gegenüber von der Verhängung einer *Strafe* absieht. Nicht nur würde das Rechtsbewußtsein des Volkes durch den Verzicht auf eine Bestrafung auf das empfindlichste geschädigt, oder, wie man sich auch ausdrücken kann, die Generalprävention erheblich benachteiligt werden, sondern es muß vor allem auch hervorgehoben werden, daß Strafe zweifellos selbst auf vm. Z.r.f. einen bessernden und abschreckenden Einfluß ausüben kann. Warum soll man dann aber auf diese Wirkung verzichten?

Ist somit die Berechtigung der Verhängung einer Strafe grundsätzlich zuzugeben, so fragt es sich, nach welchen Gesichtspunkten die Strafe zu *bemessen* ist. Der V. E. (§ 63 II 1) wollte die Vorschriften über den Versuch anwenden. Aber zutreffend hat die Kritik hervorgehoben, daß diese Bestimmung keine innerliche Berechtigung und Analogie hat; es besteht eben keine Parallele zwischen der Versuchshandlung und der Straftat des vm. Z.r.f. Nach demselben Gesichtspunkt wollte der V. E. (§ 69 I 1) auch die Jugendlichen bestrafen. Aber wie soll man dann die Strafe bemessen, wenn der Täter gleichzeitig vm. z.r.f. und jugendlich ist? Und wie soll der Versuch bei einem vm. z.r.f. Täter geahndet werden und wie, wenn dieser noch jugendlich ist? Nicht bei allen Straftaten ist, um auch das noch anzuführen, eine Bestrafung des Versuchs vorgesehen. Daher schlägt der E. mit dem K. E. (§ 20 II) einen richtigeren Weg ein, wenn er bei der Bemessung der Strafe die Bezugnahme auf den Versuch beseitigt, die Strafe vielmehr allgemein (nach § 111) mildert.

Freilich ist auch in diesem Paragraphen unter den Voraussetzungen der Strafmilderung neben der vm. Z.r.f.k. der Versuch erwähnt, aber daneben und auf derselben Stufe auch die Überschreitung der Notwehr, die man vielleicht in eine gewisse Parallele zu der vm. Z.r.f.k. stellen kann. § 111 II bestimmt: „An die Stelle von Todesstrafe tritt lebenslanges Zuchthaus oder Zuchthaus nicht unter drei Jahren. An die Stelle von lebenslangem Zuchthaus tritt Zuchthaus nicht unter drei Jahren. An Stelle von zeitigem Zuchthaus kann auf Gefängnis von einem Tage bis zur Höchstdauer der angedrohten Zuchthausstrafe erkannt werden“.

Ausdrücklich bestimmt Absatz 4, daß auf Nebenstrafen und Nebenfolgen sowie auf Maßregeln der Besserung und Sicherung auch neben der gemilderten Strafe erkannt werden kann.

Sind andere Strafen angedroht, so gelten nach § 111 III die Vorschriften des § 110 III, d. h. es darf auf das angedrohte Höchstmaß der Strafe nicht erkannt werden. „Auf das gesetzliche Mindestmaß der Strafart kann auch dann herabgegangen werden, wenn ein erhöhtes Mindestmaß angedroht ist. In besonders leichten Fällen kann von Strafe abgesehen werden“.

Nach dem Wortlaut des E. (§ 18 II, I) *muß* die *Strafe gemildert* werden. Schon der V. E. vertrat denselben Standpunkt. Freilich hat man, gewiß nicht ohne eine gewisse Berechtigung, betont, es sei richtiger, die Bemessung der Strafe dem freien Ermessen des Richters zu überlassen, also ihn nicht zur Milderung der Strafe zu verpflichten, da die vm. z.r.f. Kriminellen sehr voneinander abweichen und ihre Empfindlichkeit gegen die Vollstreckung einer Strafe außerordentlich verschieden ist. Nicht nur, daß die obligatorische Strafmilderung zu einem Mißbrauch des Begriffs der vm. Z.r.f.k. oder vielmehr zu deren allzu häufiger Annahme führen könnte, müsse auch, so wurde betont, hervorgehoben werden, daß bei manchen vm. Z.r.f. eine Milderung der Strafe gar nicht angebracht sei. Demgegenüber kann der Standpunkt des E. damit gerechtfertigt werden, daß der geringeren Schuld eine mildere Strafe entsprechen muß, daß aber der Strafrahmen des E. außerordentlich weit ist, und daß neben der Strafe noch sichernde Maßnahmen verhängt werden können. „Die heute fast allgemein erhobene Forderung geht dahin, die verminderte Zurechnungsfähigkeit als zwingenden Strafmilderungsgrund in dem Gesetze zu berücksichtigen", sagt der E. ausdrücklich (S. 30).

Die Bestimmung, nach der unter allen Umständen eine mildere Strafe eintreten muß, hat praktisch vielleicht den großen Vorteil, daß der Strafrichter noch mehr denn sonst im Einzelfall gezwungen wird, sich gerade mit der Persönlichkeit des Täters auf das Genaueste zu befassen, und sich insbesondere darüber klar zu werden, ob er wirklich im minderen Maße z.r.f. ist oder nicht.

So sehr die Ansichten darüber, ob Strafmilderung eintreten muß oder nur darf, auseinandergehen, alle werden dem § 52 E. beipflichten, der die Berücksichtigung des Geisteszustandes bei der Vollstreckung von Freiheitsstrafen gegen vm. Z.r.f. verlangt; denn nicht sowohl auf eine Abkürzung der Strafe kommt es an als auf eine qualitative Änderung des Strafvollzugs; nicht mildere Bestrafung, sondern andere Behandlung forderte bereits *von Liszt*. Das erscheint geboten schon mit Rücksicht auf die Eigenart dieser Minderwertigen, ihre Unbelehrbarkeit und Beschränktheit, ihre Selbstüberschätzung, ihre Launenhaftigkeit, Reizbarkeit und Neigung zu Stimmungsschwankungen.

Nach § 52 des E. sollen vm. z.r.f. Gefangene in besonderen Anstalten oder Abteilungen aber nur dann untergebracht werden, wenn ihr Geisteszustand es erfordert. Diese Vorschrift, die schon der V.E. (§ 63 III) enthielt, verdient nach zwei Richtungen hin hervorgehoben zu werden. Einmal zwingt sie zu einer möglichst individualisierenden Behandlung der Anstaltsinsassen, um unter den vm. Z.r.f. die herauszufinden, die einer Spezialbehandlung in Sonderabteilungen bedürfen; auf der anderen Seite bewahrt sie die Strafanstalten dadurch, daß sie ihnen ausdrücklich auch vm. Z.r.f. überläßt, vor dem Verfall in einen gefährlichen Schematismus. Wenn auch *Krohne* die Zahl der Minderwertigen unter den Strafanstaltsinsassen auf 10%, neuere Beobachter bis auf 30% schätzen, so bedürfte es doch einer eigenen Zählung, um annähernd über die Zahl der vm. Z.r.f. unter den Kriminellen Aufschluß zu erhalten, zumal die für ihre Umgrenzung endgültig maßgebende Gesetzesbestimmung noch nicht vorliegt; eine weitere Zählung oder, richtiger gesagt, Schätzung wäre nötig, um die Zahl derer zu ermitteln, die in besonderen Anstalten unterzubringen sind. Freilich würden besondere Anstalten, und dann wohl für mehrere Provinzen oder Länder gemeinsam, den Vorzug vor besonderen Abteilungen verdienen, weil nach *Göring* die Beamten und Angestellten der Hauptanstalt zu leicht geneigt seien, den in ihr herrschenden Ton auch auf die Abteilung der vm. Z.r.f. zu übertragen. Durch die Schaffung besonderer Anstalten würde meines Erachtens auch die Gefahr vermieden, die darin liegt, daß die Sträflinge die Berechtigung einer besonderen Behandlung der vm. Z.r.f. nicht einsehen, vielmehr in ihr eine durch nichts gerechtfertigte Bevorzugung erblicken.

Soviel über die Bestrafung der vm. Z.r.f.

Für die vm. Z.r.f. kommen nach dem E. dieselben *Maßregeln der Besserung und Sicherung* in Betracht, wie für die Z.r.u.f., also die Schutzaufsicht oder, falls diese nicht „genügt", die Verwahrung in einer öffentlichen Heil- oder Pflegeanstalt, und zwar unter der für beide Gruppen gemeinsamen Voraussetzung der Gefährdung der öffentlichen Sicherheit. Gerade auf diese Maßnahmen kommt es bei einer sachgemäßen strafrechtlichen Behandlung der vm. Z.r.f. an, soll der Zweckgedanke eines Strafrechts nicht Schaden leiden.

Für die Annahme einer vm. Z.r.f.k. kommen vom psychiatrischen Standpunkt aus etwa folgende Persönlichkeiten in Betracht: Epileptiker und Epileptoide, Hysteriker und Neurastheniker, Traumatiker, Psychopathen, Süchtige, also Alkoholisten, Morphinisten, heute nicht zu vergessen die Kokainisten, Personen mit Intoleranz gegen Alkohol oder mit pathologischen Affekten oder sexuellen Anomalien, solche, die im geringen Grade schwachsinnig sind, und andere. Vom Standpunkt des Kriminalisten vor allem Vagabunden, Bummler und Landstreicher, Prostituierte und Zuhälter, gewohnheitsmäßige Sittlichkeits-, Eigentums- und Roheitsverbrecher. Somit bilden die vm. Z.r.f. eine recht bunte Gesellschaft. Vom Standpunkt der Sicherung aus kann man zwei Gruppen unterscheiden, nämlich die indolenten, mehr passiven Asozialen und die aktiven Antisozialen mit einem ausgesprochenen Trieb zur Gesellschaftsschädigung.

Gerade für die ersterwähnte Gruppe, die mehr lästig als schädlich ist, eignet sich eine *Schutzaufsicht*, und mit dieser Maßnahme wird man bei manchen von ihr vielleicht auskommen. Es handelt sich um jene schlaffen, apathischen und indolenten Naturen, die mein früherer Chef *Pelman* kurz und treffend als gute Kerle, aber schlechte Musikanten zu bezeichnen pflegte, die nie die Energie haben, sich durch stetige Arbeit ihren Unterhalt zu verdienen und die, sofern es ihnen an dem Notwendigen fehlt, gegen die Gesetze verstoßen, ohne sich dabei etwas zu denken oder noch viel weniger damit andere kränken oder gar schädigen zu wollen. Sorgt der Fürsorger für sie, verschafft er ihnen Arbeitsgelegenheit, ordnet und regelt er ihre äußeren Lebensverhältnisse und verwaltet er ihre wenn auch nur geringen Einkünfte, schärft er das Gewissen der eigenen Familie oder sorgt er für die Unterbringung seines Schutzbefohlenen in einer geeigneten fremden Familie, so kann das schon genügen.

Für die, wie ich sie eben kurz nannte, aktiven Antisozialen reicht die Schutzaufsicht kaum aus. Hier kommt die strengere, eindrucksvollere und nachhaltigere Maßnahme der *Verwahrung* in Betracht. Wenn aber der E. (§ 88 I) ebenso wie der V. E. (§ 65 I 1) und K. E. (§ 100 I) derartige Personen den öffentlichen Heil- oder Pflegeanstalten überweist, so kann dagegen nicht lebhaft genug Einspruch erhoben werden, sofern der E. unter dieser Bezeichnung die Einrichtungen versteht, die man heutzutage allgemein Heil- und Pflegeanstalten nennt. Heil- und Pflegeanstalten sind zur Behandlung und Pflege von Kranken bestimmt, nicht aber zur Verwahrung minderwertiger Elemente, die, wenn sie auch im klinischen Sinne krank sind, doch bestraft werden konnten und mußten, die nicht ausgesprochen geisteskrank sind. Eine Anstalt, die zur Verwahrung vm. Z.r.f. dient, ist weder ein Krankenhaus noch eine Strafanstalt, vielmehr ein Zwischending.

Die Landespolizeibehörde soll nach dem E. (§ 89 I) die vom Gericht angeordnete Verwahrung ausführen, ebenso wie bei den Z.r.u.f., aber erst nach Verbüßung der Strafe (§ 89 II 1). Daß die Polizeibehörde über die Entlassung bestimmt (§ 90 I), erscheint mir bei den vm. Z.r.f. noch bedenklicher als bei den Z.r.u.f. Auch mit anderen Bestimmungen über die Verwahrung vm. Z.r.f. kann man sich vom psychiatrischen Standpunkt aus nicht einverstanden erklären.

## II. Trunkene und Trunksüchtige.

Das jetzige Strafgesetzbuch berücksichtigt den Alkoholmißbrauch ausdrücklich in ganz unzureichender Form lediglich mit der übrigens nur selten angewandten Bestimmung des § 361 Nr. 5, welche mit Haft und daneben mit Überweisung an die Landespolizeibehörde den bedroht, der sich dem Trunke so hingibt, daß er in einen Zustand gerät, in welchem zu seinem Unterhalte oder zum Unterhalte derjenigen, zu deren Ernährung er verpflichtet ist, durch Vermittlung der Behörde fremde Hilfe in Anspruch genommen werden muß. Es handelt sich somit lediglich um eine Übertretungsbestimmung, die allein auf die wirtschaftliche Gefährdung Bezug nimmt, und dies auch nur dann, wenn Behörden in Mitleidenschaft gezogen werden.

Wenngleich natürlich schon bei Erlaß des Str.G.B. bekannt war, daß Alkoholmißbrauch leicht und häufig zu strafbaren Handlungen führt, so sind doch erst durch spätere wissenschaftliche Arbeiten des genaueren die mannigfachen und innigen Beziehungen zwischen Alkoholismus und Kriminalität festgestellt, die hier nicht weiter besprochen zu werden brauchen. In denselben Zeitraum fallen auch die rein klinischen und experimental-psychologischen Arbeiten über die Wirkung des Alkohols auf den Menschen. Natürlich war die durch sie gewonnene Einsicht richtig, daß Trunkenheit vom klinischen Standpunkt aus als eine Psychose aufzufassen sei. Aber man sträubte sich doch, denselben Standpunkt auf das strafrechtliche Gebiet zu übertragen. Erfreulicherweise! Nicht nur, weil er ein Gefühl der Rechtsunsicherheit hätte aufkommen lassen, sondern vor allem auch, weil wir uns damit einer mächtigen erziehlichen Wirkung begeben hätten.

Die Versuche, durch die Gesetzesentwürfe vom 23. März 1881 betr. Bekämpfung der Trunkenheit und vom 15. Januar 1892 betr. die Bekämpfung der Trunksucht die Schäden des Alkoholmißbrauchs zu verhüten, haben zu keinem Erfolg geführt, da die Entwürfe nicht durchberaten wurden. Die Einführung des B.G.B. benutzte man, um vom zivilrechtlichen Standpunkt aus den Alkoholmißbrauch zu bekämpfen, und zwar mit der hier allein möglichen Maßnahme der Entmündigung. Aber wie schon bei Einführung des B.G.B. von vielen Seiten hervorgehoben wurde, darf die Bedeutung der Entmündigung wegen Trunksucht nicht überschätzt werden. In der Tat hat das B.G.B. in dieser Richtung versagt. Nicht nur, weil die Entmündigung meist zu spät verhängt wird, sondern vor allem auch deshalb, weil es in vielen Fällen an einem Antragsteller fehlt, nachdem bedauerlicherweise dem Staatsanwalt ausdrücklich das Antragsrecht versagt wurde. Weiter muß berücksichtigt werden, daß die Entmündigung an sich nichts fruchtet, sofern man nicht aus ihr die Berechtigung zu einer Anstaltsverwahrung herleitet; dann aber werden in theoretisch und sachlich unzulässiger und unberechtigter Weise zwei Begriffe miteinander verquickt, die nichts mit einander zu tun haben. Das muß hervorgehoben werden, wenn auch keiner die Schwierigkeiten unterschätzt, die es verursacht, will man einen Alkoholiker, der zweifellos der Anstaltspflege bedarf, gegen seinen Willen in einer Anstalt unterbringen oder zurückhalten.

Mit großer Freude war es daher zu begrüßen, daß der V. E. versuchte, in zielbewußter und energischer Weise den Kampf mit dem Alkoholmißbrauch aufzunehmen. Die vielen Ausstellungen der Kritik waren freilich zum großen Teil nur zu berechtigt; ihnen sind die späteren Entwürfe mehr oder weniger gerecht geworden.

Dem Strafrichter stehen auch in dem Kampf gegen den Alkoholmißbrauch naturgemäß zwei verschiedene Mittel zur Verfügung; einmal Strafen und dann darüber hinaus, sei es daneben oder an ihrer Stelle, Maßnahmen der Besserung und Sicherung.

Ich beginne mit der Besprechung der *Strafen.*

Hierbei ist zu unterscheiden die Bestrafung der in der Trunkenheit begangenen Straftaten und die Bestrafung der Trunkenheit selber.

Was die *Bestrafung* für in der *Trunkenheit begangene Straftaten* angeht, so sind selbstverständlich die schon oben (S. 4ff., 19ff.) erörterten Bestimmungen über die Z.r.u.f.k. und die vm. Z.r.f.k. auch hier maßgebend. Danach ist also der z.r.u.f., der infolge von Trunkenheit zur Zeit der Tat das Ungesetzliche der Tat nicht einzusehen oder dieser Einsicht gemäß nicht zu handeln vermag. Ist diese Fähigkeit zur Zeit der Tat nur in hohem Grade vermindert, so wird der Täter als vm. z.r.f. angesehen (§ 18 II 1 E.); seine Strafe muß gemildert werden. Indes erleidet diese letztere Bestimmung insofern eine Ausnahme (§ 18 II 2), als *selbstverschuldete* Trunkenheit eine Milderung der Strafe auf Grund der vm. Z.r.f.k. ausdrücklich ausschließt. Maßgebend für diesen Standpunkt waren einmal die Rücksichtnahme auf das Rechtsbewußtsein des Volkes und dann das Bestreben des E., den Alkoholmißbrauch zu bekämpfen.

Während § 18 II 2 des E. von „selbstverschuldeter Trunkenheit" spricht, wendet § 274 I E. die Ausdrucksweise, „wer sich schuldhaft in Trunkenheit versetzt" an. Aus der Denkschrift ergibt sich, daß es sich beide Male um Voraussetzungen derselben Art handelt. Ich gebe anheim, zu erwägen, ob es sich dann nicht empfiehlt, eine einheitliche Ausdrucksweise in demselben Gesetz anzuwenden.

Der Begriff der *selbstverschuldeten Trunkenheit* ist dem Gesetzgeber nicht fremd. Er findet sich schon im B.G.B. § 827 II, nach dem der, welcher einem anderen in selbstverschuldeter Trunkenheit Schaden zufügt, für diesen in der gleichen Weise verantwortlich gemacht wird, wie wenn ihm Fahrlässigkeit zur Last fiele. Indes darf, wie schon der G. E. in seiner Begründung (S. 14) zutreffend hervorhebt, nicht übersehen werden, daß die zivilrechtliche Haftung wegen Verursachung und die strafrechtliche Verantwortlichkeit wegen Verschuldung in Wesen und Voraussetzungen grundverschieden sind. § 49 II M.Str.G.B. schließt die selbstverschuldete Trunkenheit als Strafmilderungsgrund ausdrücklich aus bei strafbaren Handlungen gegen die Pflichten der militärischen Unterordnung sowie bei allen in Ausübung des Dienstes begangenen strafbaren Handlungen. Also eine Sonderstellung der vm. z. r. f. Trunkenheitsdelinquenten mit der Einengung auf eine bestimmte Gruppe strafbarer Handlungen! Das M.Str.G.B. läßt aber auch die selbstverschuldete Trunkenheit, falls sie die Z.r.f.k. aufhebt, als Strafausschließungsgrund nach § 51 Str.G.B. gelten.

Das geltende Recht spricht nicht ausdrücklich von einer selbstverschuldeten Trunkenheit. Aber das Reichsgericht hat (Bd. 22, S. 413) keine Bedenken gehabt, den z.r.u.f. Trunkenen wegen fahrlässiger Körperverletzung zu bestrafen; es sah eben in diesem Falle als strafbar an, daß sich der Täter in den Zustand der Trunkenheit versetzt hatte, wiewohl er die Folgen voraus sehen mußte. Warum von der durch die oberste Instanz gebilligten Möglichkeit, Rauschdelikte als Fahrlässigkeitsdelikte zu bestrafen, nur so selten Gebrauch gemacht wird, entzieht sich meiner Kenntnis.

Bereits der V. E. § 63 II 2 hatte die selbstverschuldete Trunkenheit aus dem Geltungsbereich der vm. Z.r.f.k. ausgeschlossen. Für sie gilt der gewöhnliche Strafrahmen trotz Vorliegens vm. Z.r.f.k. Wie weit innerhalb des Strafrahmens der poena ordinaria der Richter im Einzelfall der Trunkenheit als Strafmilderungs- oder als Strafverschärfungsgrund Rechnung trägt, ist seinem pflichtmäßigen Ermessen wie bisher überlassen.

Denselben Standpunkt nimmt der E. § 18 II 2 ein. Man kann sich also nicht mehr, um die Ausdrucksweise der Fliegenden Blätter anzuwenden, mildernde Umstände antrinken. In der Denkschrift (S. 31) heißt es: „Die Möglichkeit, verschuldete (warum nicht selbstverschuldete?) Trunkenheit innerhalb der allgemeinen Strafzumessungsvorschriften als Milderungsgrund zu berücksichtigen, wird hierdurch nicht berührt.“ Die Denkschrift hebt ausdrücklich hervor, daß von einem Verschulden im strafrechtlichen Sinne (S. 220 Anmerk.) in diesem Zusammenhang nicht geredet werden darf, da das Sichbetrinken an sich nicht verboten, nicht strafbar ist, sondern vielmehr im ethischen Sinne; der versetzt sich „schuldhaft in Trunkenheit, dem ein sittlicher Vorwurf daraus zu machen ist, daß er sich betrunken hat“. Auch anderen Orts hat übrigens der E. schuldhaft in demselben, auf die sittliche Wertung des Tuns abzielenden und mit dem Sprachgebrauch des täglichen Lebens übereinstimmenden Sinne gebraucht.

Wenn der Gesetzgeber mit dem Begriff der selbstverschuldeten Trunkenheit arbeitet, so ist das damit zu erklären, daß unter bestimmten Voraussetzungen der Richter nicht sowohl dem Vorliegen einer geistigen Störung, ihrer Schwere und ihrem Einfluß auf das Handeln als vielmehr der Ursache der Geistesstörung Rechnung tragen will. Das ist insofern durchaus berechtigt, als der Genuß von Alkohol entbehrlich ist. Daß er aber zu Ausschreitungen führen kann, ist eine Tatsache, die heute so bekannt ist, daß deren Kenntnis bei jedem vorausgesetzt werden kann. Wer sich dennoch dem Alkoholgenuß hingibt, muß, so folgert der Gesetzgeber, mit der Möglichkeit rechnen, daß er in einen Zustand von Trunkenheit geraten kann, in dem er gegen das Strafgesetzbuch verstößt. Wer dieser Gefahr entgehen will, muß sich des Alkoholgenusses enthalten.

Trunkenheit ist eine bestimmt geartete Reaktion einer Person auf die Einverleibung einer bestimmten Menge alkoholhaltiger Flüssigkeit in einem bestimmten Zeitraum. Somit verdient Beachtung die Beschaffenheit der Flüssigkeit und die Eigenart der Persönlichkeit. Kannte bis dahin der Täter nicht die berauschende Wirkung der von ihm getrunkenen Flüssigkeit, so trifft ihn kein Verschulden; ebensowenig dann, wenn sich deren Beschaffenheit ohne sein Wissen geändert hat, wenn etwa Zechgenossen heimlich Schnaps ins Bier geschüttet haben oder wenn die von ihm genommene Flüssigkeit ihm in einer ganz anderen Zusammensetzung geliefert wurde, als er nach seinen früheren Erfahrungen erwarten konnte. Dann kann man ja auch nicht, um die Ausdrucksweise des § 274 I E. anzuwenden, davon reden, er habe sich schuldhaft in den Zustand versetzt. In diesen Fällen liegt ein entschuldbarer Irrtum vor.

Was die Eigenart der Persönlichkeit angeht, so ist zweierlei zu unterscheiden. Erliegt der Täter in einem, kurz gesagt, dipsomanischen

Anfalle dem krankhaften Drang, Alkohol zu sich zu nehmen, so ist er frei von Schuld. Man kann von ihm nicht erwarten, daß er sich rechtzeitig, um der Gefahr, dem Alkohol zu verfallen, aus dem Wege zu gehen, in eine geschlossene Anstalt begibt, da er sich selbst oft genug über das Krankhafte seiner Störung, besonders in deren Beginn, täuscht oder dem übermächtig starken Drang sofort erliegt, bevor er Gegenmaßregeln ergreifen kann. Wichtiger aber und praktisch bedeutungsvoller ist die Tatsache, daß die Toleranz gegen Alkohol verschieden ist. Nicht nur bei den verschiedenen Menschen — mancher bewahrt stets seine Direktion und ist so der Gefahr, unter der Einwirkung von Alkohol straffällig zu werden, entrückt —, sondern auch bei derselben Person zu verschiedenen Zeiten.

Durchsichtig ist ein Fall, den ich vor kurzem zu begutachten hatte. Ein Offizier war im Anschluß an einen Schädelbruch intolerant gegen Alkohol geworden, wie ich auch einwandfrei experimentell nachweisen konnte. In einem Zustande des sog. pathologischen Rausches ließ er sich bald danach schwerste Verfehlungen an seinen Untergebenen zu Schulden kommen und war vom Gericht freigesprochen worden. Späterhin hatte er sich wiederholt betrunken und in diesem Zustande wiederum strafbare Handlungen derselben Art begangen. Dreimal wurde er freigesprochen, oder mußte er freigesprochen werden. Leider! Denn darüber besteht kein Zweifel, daß er (schon nach dem ersten, erst recht nach dem zweiten Vorkommnis) die sittliche und erst recht die strafrechtliche Pflicht hatte, durchaus abstinent zu leben. In intellektueller und ethischer Hinsicht stand er hoch genug, um diese Schlußfolgerung ziehen zu können und zu müssen.

Begeht der Einzelne im Rausche ein Sittlichkeitsverbrechen, so kann er sich zu seiner Entlastung nicht darauf berufen, daß er sonst in der Trunkenheit zu Tätlichkeiten neigt; es genügt die Kenntnis, daß er überhaupt in der Trunkenheit zu Ausschreitungen neigt, die Voraussehbarkeit strafrechtlichen Handelns in abstracto. Wie aber, wenn die Toleranz des Täters plötzlich erheblich abgenommen hat, ohne daß er es weiß oder auch nur ahnen kann? Soll man auch dann von einem Verschulden sprechen? Ich würde Bedenken haben, diese Frage zu bejahen. Gerade solche Fälle sind es aber, die nicht selten den Strafrichter beschäftigen, und daher kann man es verstehen, wenn auch Juristen auf die Bedenken hinweisen, die sich daraus ergeben, daß die Grenzen zwischen selbstverschuldeter und unverschuldeter Trunkenheit flüssige sind.

Der Richter wird des Sachverständigen-Gutachtens nicht entraten können. Auf Grund eigner Erfahrung muß ich aber betonen, daß der Sachverständige um diese Aufgabe nicht zu beneiden ist. Allen Schwierigkeiten könnte man aus dem Wege gehen, wenn man den Begriff der

Toleranz aus der Rechnung ausschalten könnte. Aber das geht nicht an. Ich kann mich nur schwer entschließen, schon bei der ersten üblen Erfahrung hinsichtlich der Folgen des Alkoholgenusses von einer Fahrlässigkeit zu reden; besonders dann, wenn die genossene Menge Alkohol unverhältnismäßig gering war, sehr viel kleiner, als sie sonst stets vertragen wurde, ohne auch nur zu Unzuträglichkeiten zu führen. Nach einem bedenklichen Vorkommnis aber, auch wenn es nicht zur Kenntnis der Behörde gekommen ist, besteht im Hinblick auf die damit bewiesene Eigenart der persönlichen Verhältnisse (vgl. die Beriffsumschreibung der Fahrlässigkeit im § 14 E.) die Verpflichtung des Verzichts auf Alkohol.

Natürlich sind die Fälle leicht zu beurteilen, in denen der Täter sich in der ausgesprochenen Absicht betrinkt, zu freveln; dann ist es gleichgültig, ob der Vorsatz auch hinsichtlich der Art der Straftat erfüllt wird. Solche Fälle sind aber selten. Der Beweis des Vorsatzes ist eben in nur wenigen Fällen sicher zu erbringen; eine Bestrafung ist schon heute zulässig. Fast immer handelt es sich vielmehr in der Praxis um ein fahrlässiges Betrinken. So sehr vom kriminal-politischen, ethischen und damit auch erzieherischen Standpunkt aus die Sonderstellung der selbstverschuldeten Trunkenheit berechtigt erscheint, so liegt doch, abgesehen von dogmatischen Erwägungen, auf die ich hier nicht näher eingehe, die Hauptschwierigkeit in der Notwendigkeit, sich mit dem ungemein flüssigen und wenig faßbaren Begriff der Toleranz abfinden zu müssen. Ich würde den Begriff der Selbstverschuldung preisgegeben, wenn ich nicht damit auf § 274 E. verzichten müßte; und das widerstrebt mir.

Eine andere Schwierigkeit könnte daraus hergeleitet werden, daß gerade die zum Alkoholmißbrauch neigen, die schon von vornherein als vm. z.r.f. anzusehen seien; es sei daher unbillig, ihnen den Anspruch auf eine Strafmilderung nach § 18 II 2 zu versagen, wenn sie sich betrinken. Demgegenüber muß aber betont werden, daß diese Individuen, wenn sie auch vm. z.r.f. sind, doch z.r.f. sind, daß sie mithin in der Lage sind, die Mäßigkeit oder vielmehr die Abstinenz, wenn sie auch deren Notwendigkeit nicht einsehen, doch durchzuführen.

So viel über die Beziehungen von selbstverschuldeter Trunkenheit zur vm. Z.r.f.k. Die Berücksichtigung der selbstverschuldeten Trunkenheit schützt die, die ohne ihre Schuld in den Zustand einer Trunkenheit geraten sind, und ermöglicht eine schärfere Bestrafung derer, die sich absichtlich betrunken haben, um wider das Strafgesetz zu verstoßen. Beide Male handelt es sich nur um Ausnahmefälle, die ohnehin schon vorgesehen sind. Ob es aber zu deren Regelung noch der Einführung eines Begriffes bedarf, mit dem der Sachverständige, der nicht die Forderung einer Totalabstinenz für alle erhebt, in vielen Fällen sich nur schwer abfinden kann, darüber kann man verschiedener Meinung sein.

Der V. E. (§ 64) hatte zu den Zuständen selbstverschuldeter Trunkenheit, die als Bewußtlosigkeit in strafrechtlichem Sinne, also als ein die Z.r.u.f.k. nach sich ziehender Zustand, aufzufassen sind, eine ungewöhnliche Stellung eingenommen und in seiner Begründung sehr viel ausführlicher als sonst seinen Standpunkt gerechtfertigt. Er hebt hervor, daß durch eine derartige selbstverschuldete Trunkenheit eine kriminelle Verantwortlichkeit in gewissem Umfange begründet wird, freilich nur innerhalb bestimmter Grenzen. Jedenfalls kann davon keine Rede sein, daß ein trunkener Bewußtloser mit Vorsatz handeln kann und in dem Sichberauschen bis zur Bewußtlosigkeit ein auf die nachher im Rausch begangene Straftat bezüglicher Vorsatz gefunden werden kann. Anders steht es mit der Fahrlässigkeit; sie liegt schon in dem Handeln desjenigen, der sich sinnlos betrinkt, vor allem, wenn er weiß, daß er im Trunke zu Ausschreitungen neigt. So etwa begründet in kurzem der V. E. (S. 234/235) seine Stellungnahme.

Diese Bestimmung des V. E. samt ihrer Begründung ist von den verschiedensten Seiten scharf angegriffen worden. Einmal, weil sie mit dem sonst stets geltenden Grundsatz „Keine Zurechnung ohne Schuld" bricht. Dann auch, weil die Bestimmung dazu führen kann, daß der Richter, da er ohnehin trotz Bewußtlosigkeit strafen muß, auf die Mitwirkung ärztlicher Sachverständiger verzichten zu können glaubt; und das wäre hier um so bedenklicher, als die schwersten Zustände von Trunkenheit sich bei Epileptikern, Traumatikern, Imbecillen, Paralytikern, Psychopathen usw. finden, also bei Kranken, die der Richter allein kaum richtig beurteilen kann. Vor allem würde § 64 V. E. oft versagen, weil er eine Bestrafung ausschließt für die Taten, bei denen nur die vorsätzliche Begehung geahndet wird. Also gerade bei den Delikten, die besonders häufig in der Trunkenheit begangen werden, wie Widerstand gegen die Staatsgewalt, Sachbeschädigung, Sittlichkeitsverbrechen. Das würde aber nicht nur ungerecht, sondern geradezu widersinnig sein.

Der G. E. hat allen diesen Bedenken Rechnung getragen, indem er den naheliegenden und von verschiedenen Seiten (ich erwähne nur *Aschaffenburg*, *Delbrück*, *Stier*) empfohlenen Ausweg einschlägt, daß er im § 190 ausdrücklich die selbstverschuldete Trunkenheit als solche mit Strafe belegt, also die Verursachung der Z.r.u.f.k., die an sich dem Täter eine Freisprechung einbringen muß. Denselben Standpunkt nehmen mit dem österreichischen Strafgesetzentwurf (§ 242) auch der K. E. und der E. ein. Freilich mit dem Unterschiede, daß der K. E. im § 338 im Zustand selbstverschuldeter sinnloser Trunkenheit begangene Verbrechen, im § 417 nur bestimmte Übertretungen berücksichtigt, daß der § 274 des E. aber beide Fälle zusammenfaßt, unabhängig von der Schwere der strafbaren Handlung. Der E. (S. 220) sieht deshalb von dieser Trennung ab, weil vielfach die Entscheidung der

Frage, „ob eine Tat Verbrechen oder Vergehen ist, von subjektiven Momenten abhängt, die bei dem sinnlos Trunkenen ausscheiden; insbesondere ist für die Feststellung kein Raum, daß ein sinnlos Trunkener vorsätzlich oder fahrlässig gehandelt habe".

Für die Verhängung und Bemessung der Strafe nach § 274 E. ist somit nicht ausschlaggebend, inwiefern der Trunkene gefehlt, sondern, daß er überhaupt gefehlt hat. Daß eine strafbare Handlung begangen ist, ist hier somit nicht sowohl Tatbestandsmerkmal als vielmehr Vorbedingung der Strafbarkeit. Die strafbare Handlung besteht darin, daß der Täter sich schuldhafter Weise in den Zustand sinnloser Trunkenheit versetzt hat. Diese Handlung, die *durch Begehung einer strafbaren Handlung qualifizierte selbstverschuldete sinnlose Trunkenheit*, bildet somit ein delictum sui generis, das der bisherigen Rechtsauffassung fremd war. Daraus ergibt sich weiter, daß die Bestimmung über die Bestrafung der sinnlosen Trunkenheit nicht dem allgemeinen, sondern dem besonderen Teil eines St.G.B. einverleibt werden muß; sie findet sich bei den Delikten, die unter der Überschrift „Gemeinschädliches Verhalten" zusammengefaßt werden, d. h. „Krankheitserscheinungen des Volkslebens, denen mit den Mitteln des Strafrechts nur in beschränktem Maßebeizukommen ist".

Freilich war schon dem V. E. die Bestrafung der Trunkenheit, und zwar auch nur der qualifizierten, nicht fremd. Er sah sie vor im § 306 Z. 3 und § 309 Z. 6. Mit Rücksicht darauf hätte er um so eher auf den so viel angefeindeten § 64 verzichten können, dessen Berechtigung er nicht überzeugend dartun kann. Dort, im § 306 Z. 3, handelt es sich um die sogenannte „gefährliche" Trunkenheit, die mit gewissen rechtswidrigen Folgen verbundene, schuldhafte Verursachung eigener Trunkenheit. Die andere Bestimmung des V. E. (§ 309 Z. 6) sieht Geldstrafe oder Haft für den vor, der in einem Zustande selbstverschuldeter Trunkenheit, der geeignet ist, Ärgernis zu erregen, an einem öffentlichen Ort betroffen wird. Mit Recht hat man hervorgehoben, daß für die Frage, wann eine Trunkenheit geeignet ist, Ärgernis zu erregen, der jeweilige Standpunkt des Beurteilers — in diesem Falle also meist des Schutzmanns oder Polizisten — zur Alkoholfrage maßgebend ist. Der abstinente Richter wird eher geneigt sein, ein Ärgernis anzunehmen, als der trinkfreudige, wie auch der Schutzmann der Universitätsstadt sehr milde urteilen wird. Die Brauchbarkeit des Begriffs „Ärgernis" wird durch die schlechten Erfahrungen mit seiner Anwendung bei der Beurteilung von Sittlichkeitsdelikten wahrlich nicht erwiesen. Und nun braucht ein Ärgernis nicht einmal gesetzt zu sein! Es genügt schon, daß der Trunkene geeignet war, ein Ärgernis zu erregen! Auch hat man darauf hingewiesen, daß der betrunkene Begüterte, der durch Beschaffung einer Droschke den öffentlichen Ort bald verlassen kann, sehr viel günstiger gestellt ist, als der Minderbemittelte. Zum mindesten der Anschein einer Klassenjustiz! Ein Einwand, der auch gegen die entsprechenden Bestimmungen in den Entwürfen von 1881 und 1892 erhoben worden ist. Der Wegfall der „groben" Trunkenheit (V. E. § 309 Z. 6) ist aus diesen Gründen trotz der guten Absicht, die dem Gesetzgeber bei seinem Erlaß vorgeschwebt hat, mit Freuden zu begrüßen. Es braucht kaum betont zu werden, daß der E. auch in den Fällen des § 306 Z. 3 oder 309 Z. 6 des V. E., selbst wenn er keine ihnen entsprechende Bestimmung übernommen hat, eine Bestrafung nicht ausschließen will. In den beiden Fällen des V. E. ist eine selbstverschuldete Trunkenheit vorausgesetzt; gleichgültig ob nun diese einen Zustand vm. Z.r.f.k. oder Z.r.u.f.k. bedeutet, eine Bestrafung ist nach dem E. (entweder aus § 18 II oder § 274 E.) möglich, sofern der objektive Tatbestand die Merkmale einer auch nach dem E. strafbaren Handlung trägt.

Der E. § 274 I sieht als Strafe für „sinnlose Trunkenheit" — sinnlos kann eigentlich doch nur die Person, aber niemals eine Trunkenheit sein! Daher ist der Ausdruck „sinnlose Trunkenheit" sinnlos, während man sehr wohl von einem sinnlos Trunkenen reden kann — Gefängnis bis zu sechs Monaten (übrigens auch Arbeitshaus neben Gefängnis von mindestens zwei Wochen nach § 281) oder Geldstrafe bis dreitausend Mark vor, eine höhere Strafe für einen Rückfall (§ 274 II), also bei einer nochmaligen Bestrafung wegen sinnloser Trunkenheit. Eine höhere Strafe hat aber auch — durchaus sinngemäß — eine frühere Verurteilung „wegen strafbarer Ausschreitungen im Trunke" im Gefolge, also auch dann, wenn durch den Alkohol die Z.r.f.k. nicht aufgehoben war. Ich würde noch weiter gehen und unabhängig von der Voraussetzung eines Rückfalles eine strengere Strafe bei einer Verurteilung wegen sinnloser Trunkenheit auch dann zulassen, wenn schon vorher wegen eines tatsächlich erwiesenen Alkoholdeliktes das Verfahren eingestellt oder von der Verhängung einer Strafe abgesehen worden ist; denn dann besteht für den Täter alle Veranlassung, sich die Erfahrungen des ersten Verfahrens zur Lehre dienen zu lassen. Man kann auch daran denken, schon dann eine schärfere Strafe eintreten zu lassen, wenn der Täter wegen eines Alkoholdeliktes zwar noch nicht vorbestraft ist, wenn er sich aber vorsätzlich betrunken hat, um im Zustande der Trunkenheit eine strafbare Handlung zu begehen.

*Stier* hatte seiner Zeit eine nur fakultative Bestrafung der sinnlosen Trunkenheit verlangt, nicht eine obligatorische. Dieser Forderung trägt § 274 E. Rechnung, wenn auch nur auf dem Umwege, daß nach Abs. 3 in besonders leichten Fällen, etwa bei einer harmlosen Ausschreitung im Trunke oder bei einer geringen sittlichen Schuld an dem Zustandekommen der Trunkenheit, von Strafe abgesehen werden kann.

Die theoretisch durchaus gerechtfertigte strafrechtliche Sonderstellung einer selbstverschuldeten Trunkenheit, gleichgültig, ob sie einen

Zustand von vm. Z.r.f.k. oder von Z.r.u.f.k. bedingt, wird sich, glaube ich, in praxi im wesentlichen auf die Fälle beschränken, in denen der Täter sich vorsätzlich oder trotz der ihm bekannten Intoleranz betrunken hat.

Ich gehe über zu den *Maßnahmen der Besserung und Sicherung* und erwähne entsprechend ihrer Schwere der Reihe nach 1. die Schutzaufsicht, 2. das Wirtshausverbot und 3. die Unterbringung in einer Trinkerheilanstalt.

1. Was die *Schutzaufsicht* angeht, so nehme ich Bezug auf das, was ich im ersten Teil (S. 17) bereits erörtert habe. Hier brauche ich nur hervorzuheben, daß in der Denkschrift (S. 68) unter den besonderen Pflichten, die das Gericht dem unter Schutzaufsicht Gestellten während der Dauer der Probezeit auferlegen kann, ausdrücklich die „Enthaltsamkeit von geistigen Getränken" — somit mittelbar auch die Möglichkeit des Wirtshausverbotes im Sinne des § 91 E. — genannt wird, was übrigens schon der G. E. getan hat.

Im Interesse der Sache kann es nur erwünscht sein, wenn der, dem die Schutzaufsicht obliegt, selber überzeugter Abstinenzler ist oder einem Enthaltsamkeitsverein angehört. Aber kann man soweit gehen und dies verlangen? Ich fürchte, nein! Daß man nicht gerade einem Trinker die Schutzaufsicht über einen kriminellen Alkoholiker überträgt — ich habe seinerzeit nur mit größter Mühe einen Potator von seinem ebenfalls trunksüchtigen Vormund befreit —, versteht sich wohl von selbst. Aber es gibt nicht überall Abstinenzvereine. Indes bestehen sie doch in vielen größeren Orten und Städten, und hier wird es gewiß nicht auch an solchen fehlen, die die Schutzaufsicht übernehmen. Das beste ist es, wenn der zur Schutzaufsicht Verurteilte selber einem Abstinenzverein beitritt. In einer derartigen Umwelt wird er am ehesten den auf ihn einstürmenden Verführungen zum Alkoholgenuß widerstehen; hier findet er den stärksten Rückhalt in seiner Umgebung. Der Enthaltsamkeitsverein hat das größte Interesse, sich nachhaltig des Verurteilten anzunehmen, und wird seinen Rückfall rücksichtslos zur Anzeige bringen, damit aber nicht nur sich, sondern vor allem auch dem Wohle der Gesellschaft dienen.

2. Was das *Wirtshausverbot* angeht, so hatte bereits der V. E. § 43, sofern eine strafbare Handlung auf Trunkenheit zurückzuführen ist, dem zu einer Strafe Verurteilten den Besuch der Wirtshäuser auf die Dauer bis zu einem Jahr verboten. Nach dem § 91 E. kann das Gericht dem, der zu Ausschreitungen im Trunke neigt und wegen einer in selbstverschuldeter Trunkenheit begangenen Straftat oder wegen sinnloser Trunkenheit nach § 274 zu einer höchstens 6 monatigen Freiheitsstrafe, zu Geldstrafe oder zu einem Verweis verurteilt ist, für eine bestimmte Frist (Mindestdauer drei Monate, Höchstdauer ein Jahr) verbieten, sich in Wirtshäusern geistige Getränke verabreichen zu lassen.

3. Schließlich ist noch zu erwähnen die *Unterbringung in einer Trinkerheilanstalt* (§ 92—94). Ihre Voraussetzungen sind nach § 92 I E. folgende: 1. Bestrafung wegen einer in der Trunkenheit begangenen Straftat oder wegen sinnloser Trunkenheit. 2. Vorliegen von Trunksucht. 3. Notwendigkeit, den Verurteilten an ein gesetzmäßiges und geordnetes Leben zu gewöhnen. Auch hier bewirkt die Polizeibehörde die vom Gericht angeordnete Unterbringung und bestimmt über die Entlassung[1]).

## III. Kinder und Jugendliche.

Die verschiedensten Kritiker des V. E., nicht nur Mediziner, sondern vor allem auch Juristen, haben bei ihrer Stellungnahme zu seinen Vorschriften über Jugendliche den Wunsch geäußert. die Bestimmungen über die strafrechtliche Behandlung Jugendlicher möchten in einem besonderen Reichsgesetz übersichtlich vereinigt werden. Bedarf es doch hierbei der Rücksichtnahme auf elterliche Rechte, auf die Fürsorgeerziehung und damit auf die Tätigkeit der Vormundschaftsgerichte, auf die Schaffung, Zusammensetzung und Tätigkeit der Jugendgerichte, die der besonderen Stellung der Jugendlichen im Strafprozeß gerecht werden sollen, auf die Notwendigkeit der Anpassung des Strafvollzugs an die Eigenart der Jugendlichen usw. Vor allem wurde auf die unbedingte Notwendigkeit hingewiesen, in möglichst weitem Umfange erzieherische Maßnahmen auf die Jugendlichen im Gegensatz zu den Erwachsenen einwirken zu lassen und den Jugendlichen alles fernzuhalten, was sie noch weiter schädigen oder gefährden könnte. Im Jahre 1920 ist nun der am 14. II. 1920 dem Reichsrat zugegangene Entwurf eines *Jugendgerichtsgesetzes* auf Anordnung dss Reichsjustizministeriums veröffentlicht worden. In sehr anziehender und überzeugender Form wird in ihm die Frage, ob gerade jetzt der geeignete Zeitpunkt für eine Neuordnung gekommen sei, erörtert und bejaht. Die Verwahrlosung der Jugendlichen während des Krieges ist auf das Fehlen der Erziehung — der Vater oder Vormund war eingezogen, die Mutter war durch Arbeit in Anspruch genommen oder kämpfte mit wirtschaftlicher Not, die Schulen waren geschlossen — neben der frühzeitigen reichlichen Erwerbsmöglichkeit zurückzuführen. Um so mehr ist es notwendig, den Gedanken der Erziehung in den Vordergrund zu rücken. Wirkungsvolle Erziehungsmaßnahmen können nur von sachkundigen Richtern auf Grund eines die Persönlichkeit des Jugendlichen und seine Lebensverhältnisse erschöpfend berücksichtigenden Verfahrens getroffen werden; sie bedürfen natürlich sachgemäßer Ausgestaltung und Durchführung, ohne Verzicht auf die gebotene Strenge.

[1]) Daß gegen den Alkoholmißbrauch nicht lediglich auf strafrechtlichem Gebiete vorgegangen werden darf, soll dieser Kampf Aussicht auf Erfolg haben, ist heute jedem so bekannt, daß ich gar nicht darauf hinzuweisen brauche.

Der E. nimmt nur auf den Alkoholmißbrauch Rücksicht. Wir wissen aber nur zu gut, daß auch andere narkotische Mittel, wie das Morphium, nicht zu vergessen Cocain und Pantopon, von krimineller Bedeutung sein können. Ein zeitgemäßes Strafgesetzbuch darf das nicht außer acht lassen, wenn auch gewiß zugegeben werden muß, daß die kriminelle Bedeutung der Morphinisten usw. nicht entfernt an die der Gewohnheitstrinker heranreicht. Eine dem § 91 E. entsprechende Bestimmung käme kaum in Betracht. Um so mehr aber die zwangsweise Unterbringung in einer entsprechenden Heilanstalt gemäß § 92; gerade darauf lege ich aber um so größeren Wert, weil sonst die wider den Willen des Kranken durchzuführende Anstaltsbehandlung kaum zu erreichen ist.

Das Jugendgerichtsgesetz zerfällt in zwei Teile, einen materiellen und einen prozessualen Teil. Ich nehme nur auf den ersten Teil Bezug, der, wie ich vorweg bemerken möchte, im wesentlichen mit den Bestimmungen des erst nach ihm veröffentlichten E. übereinstimmt. In dem E. werden alle einschlägigen Vorschriften übersichtlich aus Zweckmäßigkeitsgründen (S. 21) in einem besonderen Abschnitt des allgemeinen Teils des ersten Buches, das die Verbrechen und Vergehen behandelt, zusammengestellt.

Das geltende Strafrecht läßt die Strafmündigkeit schon mit dem Beginn des 12. Lebensjahres beginnen. Der V. E. wie auch die späteren Entwürfe setzen die Grenze auf das vollendete 14. Lebensjahr herauf. § 129 E. bestimmt: „Ein Kind, das eine mit Strafe bedrohte Handlung begeht, gilt als nicht zurechnungsfähig." Aus § 9 Ziff. 1 ergibt sich, daß im Sinne des E. ein *Kind* ist, „wer noch nicht vierzehn Jahre alt ist".

Diesen Standpunkt kann man nur billigen. „Die Hinaufrückung der Grenze der absoluten Strafunmündigkeit auf das vollendete vierzehnte Lebensjahr ist eine fast allgemeine Forderung geworden, die auch sachlich gerechtfertigt ist." Nicht nur, daß ein Kind im Alter von 12—14 Jahren, wie der V. E. weiter in seiner Begründung (S. 256) sagt, fast durchweg sittlich und geistig noch unreif und unfertig ist, daß es strafrechtlich am besten nicht verantwortlich gemacht wird, endet meist erst mit dem 14. Lebensjahre die Schulzeit — kurz und treffend sagt der E. (S. 113): „Kinder, die noch die Schule besuchen, gehören nicht vor den Strafrichter" —, und das bisherige Kind tritt in das Leben der Erwachsenen und in den Beruf ein. Es entspricht durchaus der Volksanschauung in den weitesten Kreisen, daß mit diesem Zeitpunkt, mit der Beendigung des Kindesalters und mit dem Beginn der ersten Stufe der bürgerlichen, fast möchte man heute sagen, der politischen Reife auch der Zeitpunkt der beginnenden strafrechtlichen Verantwortlichkeit zusammenfällt. Auch die Preußische Wissenschaftliche Deputation für das Medizinalwesen vertrat diesen Standpunkt, ebenso die Mehrzahl der deutschen Bundesstaaten sowie die meisten Gefängnispraktiker, nach deren Erfahrung Kinder im Alter von 12—14 Jahren nicht in die Gefängnisse gehören, wie weiter der V. E. ausführt.

Was den Wortlaut des § 129 angeht, so muß mit einem Wort noch darauf hingewiesen werden, daß nach ihm das Kind als nicht z.r.f. „gilt", während sonst überall gesagt wird, nicht z.r.f. „ist". Der Gesetzgeber hat, wie er in der Denkschrift (S. 115) hervorhebt, diese Fassung gewählt, „um die grundsätzliche Verschiedenheit dieses Falles von den Fällen tatsächlicher Unzurechnungsfähigkeit (§§ 18, 19, 130) zum Ausdruck zu bringen". Bei diesen letzteren „handelt es sich immer um Menschen, die in der Gruppe, zu der sie gehören, von der Regel abweichen und deshalb für ihr Tun nicht verantwortlich gemacht werden", also um Ausnahmefälle. Die Kinder sind aber durchweg, ohne jede Ausnahme, ohne Rücksicht auf ihre geistige Beschaffenheit, als z.r.u.f. anzusehen. Hierin sieht der E. in Übereinstimmung mit der Wissenschaft entgegen der Rechtsprechung einen Schuld-, aber nicht einen persönlichen Strafausschließungsgrund, weil die Z.r.f.k. fehlt. Nur der Vollständigkeit halber sei hervorgehoben, daß, wer sich eines Kindes zur Begehung einer strafbaren Handlung bedient, als mittelbarer Täter, wer das Kind dazu anstiftet oder ihm dabei hilft, als Anstifter oder Gehilfe des Kindes bestraft wird. Hier mit um so größerer Berechtigung, als sich der andere von vornherein sagen mußte oder doch zum mindesten sagen konnte, der Täter handele nicht schuldhaft. Erziehungsmaßnahmen gegen Strafunmündige zu erlassen, ist dem Einführungsgesetz zum B.G.B. Art. 135 überlassen (S. 115).

Zwischen der Stufe der Strafunmündigkeit und der der absoluten Strafmündigkeit liegt eine solche der bedingten (relativen) Strafmündigkeit, die der Tatsache des nur allmählichen Fortschreitens der geistigen Entwicklung und der sich daraus ergebenden strafrechtlichen Folgerung gerecht wird. In Übereinstimmung mit dem geltenden Strafrecht hat der E. wie der G. E. und der K. E. eine relative Strafmündigkeit für den *Jugendlichen* vorgesehen, unter dem nach §9 Ziff. 2 E. der zu verstehen ist, „wer über vierzehn Jahre, aber noch nicht achtzehn Jahre alt ist“. Somit haben die Entwürfe mit dem geltenden Strafrecht an dem 18. Lebensjahr als der oberen Grenze der bedingten Strafmündigkeit festgehalten. Von einzelnen Seiten wird freilich ein Hinaufrücken dieser Grenze für wünschenswert erachtet, sei es überhaupt, sei es nur mit Bezug auf die Art, Dauer und Vollstreckung der Strafe. Den Ausführungen des V. E., mit denen er dieser Absicht oder der Schaffung eines weiteren Zwischenstadiums zwischen dem 18. und 20. oder 21. Lebensjahr widerpricht, kann man durchaus beipflichten. Würde man eine bedingte Strafmündigkeit auch noch nach dem 18. Lebensjahr gelten lassen, so würde dieser Standpunkt nicht den sozialen und Erwerbsverhältnissen entsprechen, und vor allem nicht der selbständigen Stellung gerecht werden, die in der jetzigen Zeit die Personen dieses Alters, und zwar im Arbeiterstande fast durchweg, aber auch in anderen erwerbenden Ständen sehr vielfach, schon einzunehmen pflegen. Das Bedürfnis nach dieser Neuerung würde weder durch praktische Erfahrungen noch durch theoretische Ausführungen gestützt werden können. So äußerte sich die Begründung zum V. E. (S. 257) im Jahre 1909. Um so mehr ist heute ihre Beweisführung angebracht. Es mag zugegeben werden, daß viele Menschen im Alter von 19—21 Jahren noch nicht völlig reif sind, wenn sie es selber auch gewiß kaum zugeben. Ich würde ihnen höchstens hinsichtlich der Abmessung von Strafen, und auch da nur hinsichtlich der schwersten, eine Sonderstellung einräumen; *Frank* will sie beispielsweise von der Todesstrafe verschont wissen. Aber abgesehen davon, daß nach den Anschauungen Berufener in solchen Fällen die Amnestie schon reichlich genug angewandt wird, scheint es nach den Erfahrungen der jüngsten Jahre dringend geboten, es bei den Vorschlägen des E. bewenden zu lassen.

Das *geltende* Strafrecht macht die Strafbarkeit Jugendlicher von dem Vorhandensein der zur Erkenntnis der Strafbarkeit der Handlung erforderlichen Einsicht abhängig, also von dem aus dem Artikel 66/67 des Code pénal übernommenen sogenannten discernement; eine Bestimmung, der schon vom Zeitpunkt ihrer Einführung ab von fast allen Seiten widersprochen worden ist. Berücksichtigt sie doch nur die intellektuelle Seite des Kriminellen, trägt aber nicht der Tatsache Rechnung, daß der Jugendliche, oder vielleicht gerade der Jugendliche, sehr wohl wissen kann, was erlaubt, was unerlaubt oder gar strafbar ist, und dennoch sich nicht frei zu entscheiden vermag. Was nutzt aber Wissen ohne Können? Es fehlt dem Jugendlichen eben an der sittlichen Reife, die doch wirklich für die sachgemäße Entscheidung von nicht minderer Bedeutung ist als die reine Urteilsreife, und er ermangelt des Vermögens, den auf ihn einstürmenden Versuchungen und Verlockungen zu widerstehen. Es kommt auf die Gesamtentwicklung der Person, nicht bloß die des Verstandes, sondern auch die der sittlichen Begriffe und des Willens (S. 257 V. E.) an. Nicht nur, daß somit der Begriff des Unterscheidungsvermögens unzureichend ist, wird ihm auch der Vorwurf einer gewissen Unklarheit gemacht. In Wissenschaft und Praxis wird er dahin ausgelegt, „daß er denjenigen Grad der Verstandesentwicklung bedeute, welcher ausreiche, um zur Erkenntnis der Strafbarkeit der in Betracht kommenden konkreten Tat zu befähigen“. Es läßt sich doch nicht verkennen, daß dieser Grad schwer festzustellen, noch schwerer im einzelnen Fall und gerade für den Zeitpunkt der Straftat zu ergründen ist. Nun beachte man noch, daß das Erfassen des Sinnes von Gesetzesbestimmungen auch einen Besitz praktischer Erfahrungen voraussetzt; das gilt insbesondere gegenüber manchen, durch die moderne Lebenshaltung und die vielen technischen Fortschritte bedingten neuen strafrechtlichen Bestimmungen, für die ein Verständnis nicht einmal immer bei Erwachsenen anzutreffen ist. Jeder, der wiederholt als ärztlicher Sachverständiger sich über diese Frage äußern mußte, wird sich gleich mir eines ungemütlichen oder unsicheren Gefühls nicht haben erwehren können. Es kann daher nicht wundernehmen, wenn die Bestimmungen des St.G.B. als äußerst schematisch angefeindet werden. Aber der V. E. irrt doch, wenn er meint, die Frage nach dem „Unterscheidungsvermögen" sei in der Praxis fast immer bejaht worden. Daß das nicht der Fall ist, lehrt schon die Einsichtnahme in die Kriminalstatistik der Jugendlichen — im Jahre 1907 wurden im Reiche durchschnittlich 4, 2% der jugendlichen Überführten wegen Fehlens der Einsicht freigesprochen —, und wenn zum Beispiel die verschiedenen Oberlandesgerichtsbezirke einen so außerordentlich großen Unterschied hinsichtlich der Annahme des Vorliegens der Einsicht aufweisen (0,7—10%), so mag das nicht nur in der Verschiedenheit der Bevölkerung, sondern auch in der der rechtlichen Auffassung begründet sein.

Der *V. E.* folgert aus diesen zum Teil unrichtigen Erwägungen, die Beseitigung des Einsichtserfordernisses bedeute nicht den Wegfall eines wirklich wesentlichen Schutzes der Jugendlichen. Da das Unterscheidungsvermögen einen notwendigen Bestandteil der Z.r.f.k. im allgemeinen darstellt, hält der V. E. eine besondere Bestimmung über die Voraussetzungen der Z.r.f.k. Jugendlicher nicht für notwendig, begnügt sich vielmehr mit bestimmten Strafmilderungen. Zur Stütze seiner Ansicht kann er freilich darauf hinweisen, daß auch andere Strafgesetze von dem Einsichtserfordernis absehen.

Mit dieser Lösung des Problems, die unwillkürlich an die des Gordischen Knotens erinnert, erklärten sich aber nur wenige Kritiker einverstanden. Wie schon der G. E. (S. 19) zutreffend hervorhebt, würden die Jugendlichen ohne eine besondere Bestimmung ganz erheblich schlechter gestellt sein, als im geltenden Recht. Es geht doch wirklich nicht an, für sie die gleiche gesetzliche Vermutung der Z.r.f.k. gelten zu lassen, wie für den Erwachsenen, bei dem man von vornherein mit dem Vorliegen der Z.r.f.k. rechnen kann. Zutreffend hebt die Denkschrift zum E. hervor, daß der Wegfall der Rücksichtnahme auf die allmähliche Entwicklung mit den Grundsätzen gerechter Vergeltung im Widerspruch steht (S. 115). Verfehlungen von Personen, die sich körperlich und geistig noch in der Entwicklung befinden, müssen überhaupt grundsätzlich anders bewertet werden, wie Straftaten Erwachsener (S. 114). Man muß vielmehr eine „über die allgemeine Unzurechnungsfähigkeit hinausgehende besondere Unzurechnungsfähigkeit Jugendlicher" anerkennen, betont der E. (S. 116) gegenüber dem V. E., der eine besondere Anweisung an den Richter, die sittliche und geistige Reife des Jugendlichen sorgfältig zu prüfen, für überflüssig hält.

Wie aber soll die Z.r.f.k. Jugendlicher definiert werden? Natürlich müssen die Fehler des geltenden Rechts vermieden werden. Die Einsichtsfrage allein darf somit nicht mehr entscheiden, wenn sie auch zweifellos, wie schon eben betont wurde, einen Teil der Zurechnungsfähigkeit im allgemeinen bedeutet. Aber nur einen Teil! Denn wenn auch der Jugendliche sehr wohl einsehen kann, daß eine Tat verboten ist, vermag er doch oft genug wegen mangelnder Reife des Charakters oder des Unvermögens, sich selber zu beherrschen, dem Anreiz zu ihrer Ausführung nicht zu widerstehen. Somit bestehen keine Bedenken, sich der Fassung des § 18 E. anzuschließen; ein Gesichtspunkt, auf den bereits *Oetker* gelegentlich der Besprechung des V. E. hingewiesen hatte. Dasselbe gilt aber nicht hinsichtlich der biologischen Voraussetzungen. An einem Vorbilde in unserer Gesetzgebung fehlt es. Aber § 6 des österreichischen E. (1909), der schon bei der Begriffsbestimmung der Z.r.u.f.k. Geisteskranker als Muster gedient hatte, bestimmt, daß der Jugendliche nicht strafbar ist, „wenn er wegen zurückgebliebener Entwicklung oder Mangels der geistigen Reife nicht die Fähigkeit besaß, das Unrecht seiner Tat einzusehen oder seinen Willen dieser Einsicht gemäß zu bestimmen". Der E. hat sich dieser Fassung angeschlossen. Er erklärt den Jugendlichen für „nicht zurechnungsfähig, wenn er zur Zeit der Tat wegen zurückgebliebener Entwicklung oder mangels geistiger oder sittlicher Reife unfähig ist, das Ungesetzliche der Tat einzusehen oder seinen Willen dieser Einsicht gemäß zu bestimmen".

Ich kann mich nicht des Gefühls erwehren, daß es dem Sachverständigen oft nicht leicht wird, einen scharfen Unterschied zwischen den verschiedenen biologischen Möglichkeiten zu machen. Vielleicht liegt er darin, daß die zurückgebliebene Entwicklung im Gegensatz zu der zweiten Möglichkeit, vor allem einen mehr krankhaften Zustand erfassen soll, ein Zurückbleiben der Persönlichkeit im ganzen, während die Worte „mangels geistiger oder sittlicher Reife" den Fall kennzeichnen wollen, daß nur auf einzelnen Gebieten und nur nach einzelnen Richtungen hin Mängel bestehen; es entspricht ja auch unserer Beobachtung, daß die intellektuelle und ethische Entwicklung eines Jugendlichen durchaus nicht immer gleichen Schritt halten.

Ich kann mir sehr wohl vorstellen, daß unter dem Mangel der geistigen oder sittlichen Reife etwa der Fall zu verstehen ist, daß der Jugendliche für einen Diebstahl bestraft werden kann, aber nicht als verantwortlich angesehen werden darf, wenn ihm eine Wechelfälschung zur Last gelegt wird. Mit besonderem Nachdruck muß darauf hingewiesen werden, daß der Mangel sittlicher Reife, der allein nicht imstande ist, den Erwachsenen zu entlasten, bei dem Jugendlichen die Z.r.f.k. ausschließt.

Die Ausdrucksweise des E. befriedigt mich nicht. Ich halte eine einfachere für dringend wünschenswert und gebe anheim, zu erwägen, ob es nicht genügt, lediglich mit einer zurückgebliebenen Entwicklung zu rechnen, oder besser noch, da es sich durchaus nicht immer um etwas Abnormes zu handeln braucht, mit der Entwicklung im Einzelfalle schlechtweg, wie auch der österreichische Entwurf von 1912 § 5 1 auf den Stand der Entwicklung des Jugendlichen Bezug nimmt. Es ist freilich, wird man mir entgegnen, selbstverständlich, daß man bei der strafrechtlichen Beurteilung der Jugendlichen, der noch nicht fertigen Menschen, auf den Stand der Entwicklung Bezug nimmt. So selbstverständlich, daß man dann auch einen Schritt weitergehen und die Worte, die auf die biologische Seite der Frage Bezug nehmen, weglassen kann, wie es der G. E. § 16 I getan hat. Ich stelle die Frage zur Erörterung und betone ausdrücklich, daß ich mich hiermit nicht auf den Standpunkt des V. E. stelle, da ich ja ausdrücklich den Richter anweise, bei jedem Jugendlichen die Frage seiner Z.r.f.k. besonders eingehend zu prüfen.

Es bedarf keines Wortes, daß der Zustand des Jugendlichen *zur Zeit der Tat* für die Frage der Z.r.f.k. von Belang ist. Um so weniger bedürfte es daher eines doppelten Hinweises (in § 10, II und § 130) auf diese geradezu selbstverständliche Forderung (vgl. S. 165). Ebenso wie § 18 möchte ich auch hier die Worte „seinen Willen zu bestimmen" durch die einfachere Fassung „handeln" ersetzt wissen. Mit vollem Recht konnte der E. — übrigens im Gegensatz zu § 16 I G.E. — darauf verzichten, zu betonen, daß die allgemeine Bestimmung über die Z.r.u.f.k. und vm.Z.r.f.k. (§ 18), deren Anwendbarkeit an ein bestimmtes Lebensalter nicht gebunden ist, auch für Jugendliche gilt. Der Jugendliche, der an Paralyse leidet, ist ebensowenig verantwortlich wie der erwchsene Paralytiker.

Es fragt sich, wie soll das Strafrecht auf strafbare Handlungen Jugendlicher reagieren?

Insofern besteht ein grundsätzlicher Unterschied gegenüber der strafrechtlichen Beurteilung von Handlungen Erwachsener, als bei Verfehlungen Jugendlicher nicht nur *Strafe*, sondern auch oder vielmehr vor allem auch *Erziehung* in Betracht kommen kann; die Anordnung von Erziehungsmaßregeln gegenüber Kindern hat übrigens, wie nochmals betont sein mag, der E. nicht vorgesehen. Man muß unter allen Umständen *Frank* beipflichten, der unbedingt dann Erziehung angewandt wissen will, wenn die Straftat nicht schwer ist, die Strafe aber erhebliche Nachteile für die sittliche Entwicklung des Jugendlichen besorgen läßt. Um so berechtigter ist dieser Standpunkt, wenn man *Aschaffenburg* zustimmt, der meint, an die bessernde Wirkung des Strafvollzugs bei Jugendlichen glaube heute kein Praktiker, oder *Krohne* beipflichtet, der auf dem 27. Juristentag ausführte: „Ist ein Jugendlicher einmal oder mehrere Male im Gefängnis gewesen, dann ist unsere Erziehungsarbeit an ihm so gut wie verloren." Vor allem müssen Jugendliche vor kurzen Freiheitsstrafen, die übrigens der E. überhaupt wesentlich zu vermindern bestrebt ist, bewahrt werden, die den Bestraften, ohne ihn abzuschrecken, in eine höchst gefährliche Berührung mit kriminellen Personen bringen. Das darf uns natürlich nicht abhalten, dennoch die Strafe in ihrer ganzen Strenge wirken zu lassen, wenn alle anderen Mittel versagen und nur von ihr eine Einwirkung auf den frühzeitig reifen und sonst unbeeinflußbaren Jugendlichen erhofft werden kann. Das erfordert auch die Rücksicht auf die Gesellschaft. Die Strafe darf aber niemals Selbstzweck werden; das gilt in ganz besonderem Maße gegenüber Jugendlichen; und kann mit andern, milderen Mitteln, also etwa erzieherischen Einwirkungen, derselbe Erfolg erreicht werden, der mit der Strafe erstrebt wird, so ist von einer Strafe abzusehen, die den Jugendlichen erfahrungsgemäß schädigt. Auch der V. E. stellt zwar in seiner Begründung den Grundsatz auf (S. 261): „Strafe die Regel, Erziehung daneben oder in leichteren Fällen statt der Strafe". Ganz anders lauten aber die gesetzlichen Bestimmungen des V. E. Erfreulicherweise! Denn deren Wortlaut ist für den Richter bindend. Der E. betont demgegenüber auch in der Denkschrift, daß für die Behandlung Jugendlicher, die gegen das Strafgesetzbuch verstoßen, in erster Linie der Gesichtspunkt der Erziehung maßgebend sein soll. Das tritt vielleicht schon rein äußerlich darin zutage, daß die Bestimmungen über die Erziehungsmaßnahmen nicht nur einheitlich zusammengefaßt, sondern vor den Bestimmungen über die Bestrafung im engeren Sinne veröffentlicht werden.

§ 131 E. läßt keine Zweifel darüber aufkommen, daß in jedem Falle, gleichgültig, ob die Z.r.f.k. zu bejahen ist oder nicht, weiterhin nach § 132, III auch dann, wenn wegen Annahme eines besonders leichten Falles von Strafe abgesehen wird, die Erforderlichkeit von Erziehungsmaßnahmen geprüft werden muß. Das Gericht kann und darf zu dieser Frage Stellung nehmen, schon bevor es die Schuldfrage beantwortet hat (§ 133, III); es genügt, daß der objektive Tatbestand der Begehung einer strafbaren Handlung durch den Jugendlichen vom Richter festgestellt ist. Bei Annahme der Erforderlichkeit von Erziehungsmaßnahmen müssen diese unter allen Umständen angeordnet werden. Ihr Ziel ist, „den Jugendlichen an ein gesetzmäßiges Leben zu gewöhnen" (§ 131, E.). Ich möchte darauf hinweisen, daß bei den Trunksüchtigen (§ 92, I) die Gewöhnung an ein gesetzmäßiges und geordnetes Leben durch die Anstaltsverwahrung angestrebt wird. Wenn bei den Jugendlichen auf die Gewöhnung an ein geordnetes Leben, wie nach der Ausdrucksweise des E. geschlossen werden darf, verzichtet wird, so ist diese Verschiedenheit vielleicht darauf zurückzuführen, daß an Jugendliche hinsichtlich der durch die Erziehung anzustrebenden Lebensführung noch nicht so hohe Anforderungen gestellt werden sollen wie an Erwachsene (vgl. hierzu S. 16).

Für die Feststellung der Notwendigkeit von Erziehungsmaßnahmen ist maßgebend der *Zeitpunkt* der *Verurteilung.* Mit Recht! Denn ist zwischen dem Zeitpunkt der strafbaren Handlung und dem der Verhandlung ein längerer Zeitraum verstrichen, so kann sehr wohl in dieser Zwischenzeit bei dem Täter eine Änderung zum Guten sich geltend gemacht haben, so daß selbst die milderen Erziehungsmaßregeln überflüssig erscheinen. Vor allem aber ist von diesen abzusehen, sofern der Täter inzwischen das 18. Lebensjahr erreicht hat.

Welche Bedeutung der E. den Erziehungsmaßregeln beimißt, geht, wie schon eben angedeutet wurde, daraus hervor, daß das Gericht ausdrücklich ermächtigt wird (§ 133, III), schon vor dem Urteil vorläufig, das heißt also vor Stellungnahme zur Schuldfrage, Anordnungen über die Erziehung und Unterbringung zu treffen. Es kann geboten sein, den Jugendlichen möglichst bald aus der schlechten Umgebung, in der er sich bisher befunden hat, zu entfernen. Daß eine vorläufige Verhängung von Strafe nicht angängig ist, bedarf keines Wortes. Die endgültige Entscheidung über die Erziehungsmaßregeln wird in dem Urteil getroffen.

Ist der Jugendliche im Sinne des § 130 z.r.f., so können dennoch, oder vielleicht gerade deshalb, Erziehungsmaßnahmen geboten sein, weil die Erfahrung lehrt, daß strafbare Handlungen Jugendlicher sehr häufig das Ergebnis mangelhafter Erziehung sind. Sind diese Maßnahmen erforderlich, so muß das Gericht sie aussprechen. Ist der Jugendliche zurechnungsfähig, reichen aber Erziehungsmaßnahmen aus, so muß das Gericht, sofern es solche für erforderlich hält, von einer Strafe absehen, sich also mit der alleinigen Anordnung von Erziehungsmaßnahmen begnügen. Erachtet das Gericht eine Bestrafung für angebracht, so muß es auf Strafe erkennen. Wenn schließlich das Gericht außer der Bestrafung auch noch Erziehungsmaßnahmen für geboten hält, so muß es auch diese anordnen, und naturgemäß werden sie erst nach der Strafverbüßung in Kraft treten können. Das geltende Recht kennt nur Erziehungsmaßnahmen oder Strafe, je nachdem das Unterscheidungsvermögen verneint oder bejaht wird (§ 56, 57 St.G.B.).

Der E. bestimmt unzweideutig, daß der Richter, dem das Gesetz umfassende Befugnisse einräumt, berufen ist, die Erziehungsmaßnahmen anzuordnen. „Die Jugendgerichte sind nach ihrem Aufbau und ihren Aufgaben weniger Strafgerichte als Erziehungsgerichte.“ Diesen Standpunkt kann man nur billigen, da für den Fall, daß eine andere Behörde mit dieser Aufgabe betraut wird, keine Sicherheit besteht, daß der Jugendliche auch wirklich und unmittelbar die Erziehung erhält, die er nach Ansicht des Gerichtes verdient oder nötig hat. Man darf doch annehmen, daß das Gericht auf Grund seiner Teilnahme an der Verhandlung und der so erworbenen Kenntnis der Eigenart des Jugendlichen in erster Linie dazu berufen ist, die zweckmäßigsten Maßnahmen zu treffen. Weist man hierauf hin, so wird man auch am ehesten den Einwand entkräften, daß bei Jugendlichen zu Unrecht Erziehungsmaßnahmen gegenüber Strafe bevorzugt werden. Gerade der Richter wird am leichtesten entscheiden können, ob Erziehung ausreicht, ob neben ihr auch noch Strafe, die Z.r.f.k. vorausgesetzt, geboten ist oder nicht. Dabei habe ich nicht berücksichtigt, daß Erziehungsmaßnahmen, die ebenfalls vielfach eine Loslösung des Jugendlichen aus seiner bisherigen Umgebung zur Folge haben, schon um deswillen oft peinlich genug empfunden werden, weil der Richter ihre Dauer nicht von vornherein bestimmt, und sie somit oft länger dauern als die erwartete Strafe.

Der E. vermeidet es — ob mit Recht, möge dahingestellt bleiben —, sich darüber auszulassen, wann Erziehungsmaßnahmen für sich allein ausreichen. Der V. E. § 69, II hatte, wie auch der G. E. § 17, I 1, insbesondere auf den Fall Bezug genommen, daß die Tat hauptsächlich als Folge mangelhafter Erziehung erscheint. Wie die Denkschrift zum E. zutreffend hervorhebt, sind hierbei verschiedene Umstände zu berücksichtigen. „Die Wirkung, welche die Erziehungsmaßregel auf den Täter ausübt, der Eindruck, den das Absehen von Strafe und ihr Ersatz durch eine Erziehungsmaßregel auf die Allgemeinheit machen, werden in Betracht zu ziehen sein; auch darauf wird das Gericht Rücksicht nehmen dürfen, ob der berechtigte Wunsch des Verletzten nach Genugtuung für die erlittene Kränkung eine Bestrafung fordert“ (S. 118), vorausgesetzt natürlich, daß der Geschädigte nicht zu sehr den

Standpunkt der Vergeltung oder gar der Rache vertritt. Während für die Bemessung der Strafe die Schwere des einzelnen Tatbestandes maßgebend ist, ist bei der Wahl der Erziehungsmaßregeln die gesamte Persönlichkeit des Täters in Betracht zu ziehen; so kann eine für sich allein betrachtet nur geringfügige und deshalb nur gering zu bestrafende Verfehlung eine einschneidende Erziehungsmaßnahme nach sich ziehen.

Der E. § 133 I sieht eine Reihe von verschiedenen Erziehungsmaßregeln vor, zwischen denen der Richter wählen kann. Sie bestehen in einer Vermahnung des Jugendlichen, in seiner Überweisung an die Zucht des gesetzlichen Vertreters oder der Schulbehörde, in einer andern Anordnung über seine Erziehung oder Unterbringung oder in der Stellung unter Fürsorgeerziehung.

Noch weiter geht der Jugendgerichtsentwurf, nach dessen § 5 I das Gericht als Erziehungsmaßnahme „jede Anordnung über die Erziehung oder Unterbringung des Jugendlichen treffen" kann. Die vom E. angeführten Möglichkeiten werden nur als die landläufigen, die praktisch wichtigsten Fälle durch Einschaltung des Wortes „insbesondere" in § 5 II gekennzeichnet. Der K. E. trug noch Bedenken, dem Richter die Anordnung der Fürsorgeerziehung zu überlassen. Aber nicht mehr der E. und der Jugendgerichtsentwurf, welch lezterer eine innige Verbindung zwischen dem Jugendgericht und dem Vormundschaftsgericht vorsieht; er betont übrigens noch ausdrücklich, Fürsorgeerziehung könne nur angeordnet werden, „wenn sie notwendig ist, um das völlige sittliche Verderben des Jugendlichen zu verhüten" (§ 5 III).

Eine wichtige Rolle wird der *Schutzaufsicht* (§ 133 V) eingeräumt. Das erhellt schon daraus, daß sie unabhängig von sonstigen Erziehungsmaßregeln und neben diesen angeordnet werden kann. Freilich läßt sie die Rechte der sonstigen Erzieher der Jugendlichen grundsätzlich unberührt und will sie in der Ausübung ihrer Rechte und Pflichten nur unterstützen und beaufsichtigen. Anders die Fürsorgeerziehung, die zwar ebenso wie die Schutzaufsicht eine allgemeine Überwachung der Erziehung bezweckt, die aber den Einfluß der Eltern usw. ausschaltet und den Jugendlichen einer auf öffentliche Kosten durchgeführten und ausschließlich von einer öffentlichen Behörde geleiteten Erziehung unterwirft. Schutzaufsicht und Fürsorgeerziehung stehen somit zueinander, wenn man will, in einem ähnlichen Verhältnis wie Pflegschaft und Vormundschaft. Die Höchstdauer, für die die Schutzaufsicht zugelassen wird, beträgt 3 Jahre; sie rechnet von ihrem tatsächlichen Beginn. Sie erlischt jedenfalls mit dem 21. Lebensjahr. Der E. will es vermeiden, daß die Schutzaufsicht für den Jugendlichen eine lästige Fessel werden kann, und will ihn doch davor bewahren, daß er sich gar zu sehr auf sie verläßt. Sie soll dem Jugendlichen vor allem dazu verhelfen, auf eigenen Füßen zu stehen.

Ob die Schutzaufsicht eine so segensreiche Einrichtung werden wird, wie der E. erhofft, ist im wesentlichen wieder eine *Personalfrage*.. Eine geeignete Persönlichkeit, die nach ihrer Eigenart für die Jugendfürsorge berufen ist und in engster Verbindung mit Vereinigungen steht, die sich amtlich oder in freier Liebestätigkeit der Jugendpflege widmen, kann in dieser Beziehung sicher unendlich viel Gutes schaffen. Ihr Bestreben muß vor allem dahin gehen, den unter Schutzaufsicht Gestellten nicht nur in eine sozial möglichst gesunde Umgebung zu bringen, sondern auch für ausreichende Arbeitsgelegenheit und geeignete Unterkunft zu sorgen. Vielleicht wird es sich sogar empfehlen, dem Fürsorger die Bestimmung über den Lohn bis zu einer bestimmten Grenze zu überlassen. Der Fürsorger müßte sich des Jugendlichen vor allem dann annehmen, wenn dieser nach Abbüßung der Strafe oder nach deren vorläufigem Abschluß oder nach bedingter Strafaussetzung entlassen wird. Ein Rückfall wird um so eher vermieden, je mehr es gelingt, den Jugendlichen in einer sittlich und gesellschaftlich einwandfreien Umgebung unterzubringen. Natürlich kann auch der Jugendliche, der freigesprochen ist, oder bei dem in einem besonders leichten Fall von Strafe abgesehen ist, unter Schutzaufsicht gestellt werden. Der E. läßt im Gegensatz zum österreichischen E. (§ 55 III 1) ein Aufenthaltsverbot bei Jugendlichen nicht zu (§ 103,110,IV,134). Ich möchte glauben, daß mit einem derartigen Verbot unter Umständen doch manches Gute erreicht werden kann, da wir wissen, wie ungemein leicht der Jugendliche einer sozialen Infektion erliegt. Vielleicht läßt sich dieser Mangel auf dem Umweg erreichen, daß man bei der Verhängung der Schutzaufsicht dem Jugendlichen die besondere Verpflichtung auferlegt, diesen oder jenen Ort zu meiden, ohne daß er natürlich durch diese Maßnahme eine vermeidbare Schädigung, insbesondere hinsichtlich des Erwerbs erleidet, und ihm strengere Maßnahmen in Aussicht stellt, falls er dieser Verpflichtung nicht nachkommt.

Der E. versagt nicht ausdrücklich die Verwahrung (§ 88) der Jugendlichen, da er eine Altersgrenze für ihre Zulässigkeit nicht vorschreibt. Somit wird sie auch für Jugendliche zulässig sein, im allgemeinen wohl nur in Verbindung mit Strafe und dann naturgemäß erst nach ihr. Es ist kaum anzunehmen, daß neben der Verwahrung und der Strafe etwa auch noch eine Erziehungsmaßnahme verhängt werden kann, da diese bei einem Zustande, der eine Verwahrung gebieterisch erheischt, ich meine den Zustand der Gefährdung der öffentlichen Sicherheit, gewiß erforderlich sein kann, aber schwerlich viel versprechen wird.

§§ 134—137 enthalten die Bestimmungen über die *Strafen*, nicht nur über die Strafzumessung, sondern auch über die bedingte Strafaussetzung und den Strafvollzug. Der E. will die Verhängung der Strafe hinausschieben, jedenfalls dann von ihr absehen, wenn mit Erziehungsmaßnahmen dasselbe erreicht werden kann. Verhängt der E. aber Strafe, so ist er weiter bestrebt, hierbei jede überflüssige Schädigung zu vermeiden. Der V. E. hatte für die Strafzumessung Jugendlicher die Versuchsstrafe vorgesehen (vgl. S. 23). Eher kann man vielleicht dem E. (§ 134 I) zustimmen, nach dem für die Tat Jugendlicher die gleichen (warum sagt der E. nicht dieselben?) Vorschriften gelten, wie für die Strafzumessung bei Irrtum, wenngleich zwischen dem Geisteszustand des Jugendlichen und Irrtum keine Analogie besteht. Nach § 110 II tritt an die Stelle von Todesstrafe und lebenslangem Zuchthaus Gefängnis von 3—15 Jahren, an die Stelle von zeitigem Zuchthaus Gefängnis von einem Tage bis zur höchsten Dauer der angedrohten Zuchthausstrafe. Sind andere Strafen angedroht, so darf auf das angedrohte Höchstmaß der Strafe nicht erkannt werden; diese beträgt bei Gefängnis (§ 46, I) 5 Jahre, bei Einschließung (§ 47, I) 15 Jahre, bei Haft (§ 48, I) 1 Jahr. Auf das gesetzliche Mindestmaß der Strafart bei den verschiedenen Freiheitsstrafen (das heißt einen Tag) kann auch dann herabgegangen werden, wenn ein erhöhtes Mindestmaß angedroht ist. Von außerordentlicher Bedeutung ist der letzte Satz des § 110, III: „In besonders leichten Fällen kann von Strafe abgesehen werden." Die Annahme eines besonders leichten Falles ist ausgenommen, wenn Todesstrafe oder Zuchthaus als Grundstrafe angedroht ist, nach § 116 stets zulässig, „wenn der verbrecherische Wille des Täters gering und nach den Umständen entschuldbar ist, und die Folgen der Tat unbedeutend sind, so daß selbst die vom Gesetz bei mildernden Umständen angedrohte mildeste Strafe noch eine unbillige Härte bedeuten würde." Auch mit dieser Bestimmung, die nicht nur der erkennende Richter, sondern auch die Strafverfolgungsbehörde anwenden kann, wird an dem Legalitätsprinzip, über dessen Härte und Unbilligkeit Jugendlichen gegenüber mit Recht sehr oft geklagt worden ist, gerüttelt; vor allem hat der Staatsanwalt das Verfahren einzustellen, wenn nach seiner Ansicht der Jugendliche zur Zeit der Tat nicht die erforderliche Einsichts- und Willensfähigkeit besessen hat. Auf Ehrenstrafen, Arbeitshaus und Aufenthaltsverbot darf nicht erkannt werden (§ 110, IV), nach dem Jugendgerichtsgesetz § 7, V auch nicht auf Überweisung an die Landespolizeibehörde oder auf Zulässigkeit von Polizeiaufsicht. Der Verweis ist fortgelassen. Es bedarf seiner auch nicht mehr neben den Erziehungsmaßnahmen, zumal nach Einführung einer so weitgehenden Strafmilderung, vor allem auch deshalb nicht, weil er rückfallbegründend wirken und damit den Jugendlichen unnötig schädigen kann.

Um allen Zweifeln zu begegnen, schreibt § 134, II vor, daß die Vorschriften über die Anwendung der Irrtumsstrafe auch dann gelten, wenn mit dem Milderungsgrund der Jugend noch andere Milderungsgründe zusammentreffen. Der E. nimmt hierbei ausdrücklich auf § 111 Bezug, sagt also, daß auch bei vm. Z.r.f.k. Jugendlicher die Strafe ausschließlich nach den Vorschriften über Jugendmilderung, die erheblicher ist als die nach § 111, zu bemessen ist. Es braucht natürlich nicht noch besonders hervorgehoben zu werden, daß weiteren Milderungsgründen bei der Ausmessung der Strafe innerhalb des Jugendstrafrahmens Rechnung getragen werden darf.

Die Zulassung der *bedingten Strafaussetzung* (§ 63, 135), einer gesetzlich dem Richter zugewiesenen Einrichtung, welche die auf dem Verwaltungswege eingeführte bedingte Begnadigung ersetzen soll, wird für den Jugendlichen erheblich erleichtert. Während der E. sie nach § 64 I nur Verurteilten bewilligt, „die nach ihren persönlichen Verhältnissen und nach den Umständen der Tat besondere Berücksichtigung verdienen und die Erwartung rechtfertigen, daß sie sich auch ohne den Vollzug der Strafe künftig wohl verhalten werden“, und dabei auch zu berücksichtigen ist, „ob der Verurteilte sich nach Kräften bemüht hat, den Schaden wieder gutzumachen, der durch die Tat entstanden ist“, kann sie dem Jugendlichen schon dann bewilligt werden, „wenn der sofortige Strafvollzug eine Erziehungsmaßregel gefährden würde“ (§ 135, I). Ja, die Tatsache, daß der verurteilte Jugendliche bereits eine Freiheitsstrafe wegen eines Verbrechens oder Vergehens verbüßt hat, steht der bedingten Strafaussetzung nicht entgegen (§ 135 II). Das Gericht kann den Jugendlichen für die Dauer der Probezeit (§ 66), die höchstens 5 Jahre beträgt, die übrigens auch nachträglich noch auf diese Höchstfrist ausgedehnt werden kann, natürlich unter Schutzaufsicht stellen und ihm besondere Pflichten (§ 65) auferlegen.

Ich möchte in Übereinstimmung mit dem § 17, II, G. E. vorschlagen, zu erwägen, ob es nicht zweckmäßig erscheint, die Anordnung von Erziehungsmaßnahmen auch späterhin noch, also nach der Aburteilung durch das Gericht, zu gestatten, wenn sich erst während der Verbüßung der Strafe deren Notwendigkeit herausstellt. Der Anstaltsleiter wäre in diesem Falle der gegebene Antragsteller.

Mancher wird im E. eine Bestimmung über die *Rehabilitation* oder Wiedereinsetzung vermissen (die auch der österreichische V. E. vorsieht), eine Bestimmung, die gerade für Jugendliche sehr dringend wünschenswert ist. Die Rehabilitation trägt dem Gedanken Rechnung, daß eine Bestrafung an Bedeutung für die Bewertung des Verurteilten im Rechtsleben immer mehr verliert, je längere Zeit seit der Bestrafung verstrichen ist, sofern er in diesem Zeitraum nicht oder doch nicht erheblich gefehlt hat. Indes tritt hier das Gesetz vom 9. April 1920 (Reichs-Gesetzbl. S. 507) über beschränkte Auskunft aus dem Strafregister und die Tilgung von Strafvermerken als Ersatz ein. Nach diesem Gesetz darf nach Ablauf einer bestimmten Frist nur eine beschränkte Auskunft über Verurteilungen, die in das Strafregister aufgenommen sind, erteilt werden; nach Ablauf einer weiteren Frist müssen die Vermerke im Strafregister getilgt werden. Es genüge, hervorzuheben, daß diese Fristen erheblich kürzer sind, falls der Verurteilte zur Zeit der Tat noch nicht 18 Jahre alt war.

Was endlich den *Strafvollzug* angeht, so bestimmt hierüber der E. in zielbewußter Durchführung seines Standpunktes, daß unter Wahrung des Ernstes der Strafe unter allen Umständen die Erziehung des Jugendlichen gefördert werden muß (§ 136, I). Auch bei der Vollstreckung der Strafe darf die erziehliche Behandlung des Jugendlichen nicht außer acht gelassen werden. Entsprechend den schon jetzt geltenden Grundsätzen (§ 57, II, St.G.B.) müssen jugendliche Gefangene von erwachsenen getrennt gehalten werden (§ 136, II, E.). Freiheitsstrafen von 1 Monat oder mehr müssen in besonderen, ausschließlich für Jugendliche bestimmten Anstalten oder Abteilungen vollstreckt werden. In diesen können die Gefangenen auch nach dem 18. Lebensjahre mit Genehmigung der Aufsichtsbehörde, höchstens aber bis zur Volljährigkeit, belassen werden. Die Behörde hat über die Unterbringung in Einzelhaft, vielfach wohl erst nach Anhörung des Arztes, zu befinden.

Im Gegensatz zum V. E. (§ 70, I 2) schreibt der E. nicht mehr die Trennung der vm. z.r.f. von den voll z.r.f Jugendlichen vor. Gegen diese Bestimmung des V. E. ist von den verschiedensten Seiten Einspruch erhoben worden. Mit vollem Recht hat man darauf hingewiesen, es sei gerade bei den Jugendlichen ungemein schwer, vm. Z.r.f. von Z.r.f. zu trennen. Die gesteigerte Affekterregbarkeit, die ungemein große Labilität der Stimmung, die ungleichmäßige Verstandesentwicklung, die Freude am Träumen und Lügen, alles das sind Erscheinungen, denen wir, wie *F. Leppmann* mit Recht hervorhebt, gerade in der Pubertätszeit begegnen, vor allem auch bei solchen, die sich später als völlig gesund erweisen. Nicht nur, daß eine zutreffende Abgrenzung, wie sich hieraus ergibt, ungemein schwer ist, wird von sachkundiger Seite auch hervorgehoben, daß die gesonderte Unterbringung vm. z.r.f. und z.r.f. Jugendlicher sich auch aus erzieherischen Gründen nicht gerade empfiehlt. Die Hauptsache ist und bleibt freilich, daß eine möglichst streng individuelle Behandlung des jugendlichen Sträflings nicht nur verlangt, sondern auch durchgeführt wird. Dann können vm. z.r.f. Jugendliche den gewöhnlichen Strafvollzug ebenso gut vertragen wie die anderen Jugendlichen. Vielleicht wird es sogar für jene einen Vorteil bedeuten, nicht immer unter ihresgleichen zu sein; und die Behandlung der vm. z.r.f. Jugendlichen kann durch eine Vermengung mit normalen nur erleichtert werden.

Der V. E. hatte im § 70 II, einem Vorschlage *Kahls* folgend, die Zulässigkeit der Vollziehung von Freiheitsstrafen gegen vm.z.r.f. Jugendliche auch in staatlich überwachten Heil- oder Pflegeanstalten zugelassen, um so den Heil- und Pflegezweck in den Vordergrund zu stellen. Fast einstimmig ist von psychiatrischer Seite hiergegen in mehr oder weniger scharfer Form Einspruch erhoben, genau so wie gegen die Absicht, vm. z.r.f. Kriminelle in Heil- oder Pflegeanstalten zu verwahren; immer vorausgesetzt, daß der Gesetzgeber unter Heil- oder Pflegeanstalten Irrenanstalten versteht. Der Einspruch gegen § 70 II V. E. ist durchaus berechtigt. Heil- und Pflegeanstalten sind zur Behandlung und Pflege Kranker da, aber nicht zur Aufnahme von Personen, an denen eine Freiheitsstrafe vollzogen werden soll. Das würde eine im höchsten Grade bedenkliche Verquickung von Strafvollstreckung und Irrenpflege bedeuten. Nichts wäre geeigneter, das Mißtrauen, das in der Allgemeinheit Irrenanstalten schon ohnehin entgegengebracht wird, zu vergrößern, als eine derartige Maßnahme. Der G. E. hat in seinem § 18 II 3 schon eine vorsichtigere Stellung eingenommen, wenn er für den Fall, daß der Geisteszustand die Unterbringung Jugendlicher in Heil- oder Pflegeanstalten erfordert, die Freiheitsstrafe für den in diesen Anstalten verbrachten Zeitraum als verbüßt ansah.

Der E. hat erfreulicherweise eine den beiden eben bemängelten Vorschriften des V. E. entsprechende Bestimmung nicht getroffen.

Ich begnüge mich mit diesen Bemerkungen und gehe auf die weiteren, mindestens ebenso wichtigen Fragen des Jugendstrafrechts nicht ein, da sie nicht zum materiellen Strafrecht gehören. Ich möchte aber meine Ausführungen nicht schließen, ohne auf die besondere Bedeutung hinzuweisen, die die Mitwirkung des Psychiaters bei der Behandlung jugendlicher Krimineller beanspruchen kann. Nicht etwa als Dankesschuld dafür, daß es gerade der Psychiater ist, dem eine zutreffende psychologische Beurteilung jugendlicher Rechtsbrecher zu verdanken ist, sondern deshalb, weil feststeht, daß unter den straffälligen Jugendlichen sich ein außerordentlich großer Prozentsatz pathologischer Elemente befindet. Wenn es ohne besondere formelle Vorschriften dazu käme, daß der Psychiater nicht nur bei der Aburteilung, sondern auch bei der Strafvollstreckung gegen Jugendliche und vor allem bei den Erziehungsmaßnahmen im weitesten Maße herangezogen würde, würde das mit ganz besonderer Freude zu begrüßen sein. Gewiß nicht zum Schaden unserer Jugend und nicht zum Nachteil ihrer Zukunft!

## IV. Taubstumme.

Nach § 58 des Str.G.B. ist der Taubstumme freizusprechen, der „die zur Erkenntnis der Strafbarkeit einer von ihm begangenen Handlung erforderliche Einsicht nicht besaß". Da der V. E. bei der Bestimmung über die relative Strafmündigkeit der Jugendlichen das Merkmal des Unterscheidungsvermögens fallen ließ, mußte er sinngemäß auch den Taubstummen gegenüber denselben Standpunkt einnehmen, wenngleich bei ihnen nicht eine noch nicht abgeschlossene, sondern eine krankhaft gestörte Entwicklung in Frage steht; dort also ein physiologischer, darum seiner Art nach vorübergehender, hier ein pathologischer Zustand.

Die Begründung des V.E. (S.263) betont, daß bei der Beurteilung Taubstummer immer die Umstände des einzelnen Falles maßgebend sein müßten, also die Frage, ob und inwieweit seine geistige und sittliche Entwicklung gediehen ist. Ergeben sich in dieser Beziehung keine Bedenken, so liegt nach dem V. E. kein Grund vor, einen Taubstummen nicht in demselben Maße verantwortlich zu machen wie andere. Sollten sich Bedenken herausstellen, so würde der Taubstumme entweder als blödsinnig, mithin als strafrechtlich überhaupt nicht verantwortlich, oder als vermindert zurechnungsfähig im Sinne des § 63 II V. E. anzusehen sein. Damit ist aber allen Forderungen, so schließt die Begründung des V. E., Genüge getan.

Der G. E. hat anscheinend diesen Standpunkt gebilligt; wenigstens finde ich in ihm keine Bestimmung, die den Taubstummen eine Sonderstellung einräumt.

Der K. E. und der E. sind aber zum Standpunkt des geltenden Rechts zurückgekehrt, da es keinem Zweifel unterliegen kann, daß ein Taubstummer anders behandelt werden muß wie ein Mensch, der hören und sprechen kann (Denkschrift S. 31). Es fehlen ihm die wichtigsten Möglichkeiten, sich geistig zu entwickeln, und wenn auch der Taubstummenunterricht in Deutschland in letzter Zeit erhebliche Fortschritte gemacht hat, so wird es immerhin vorkommen können, daß der Taubstumme später als andere Menschen den für die Annahme der Zurechnungsfähigkeit maßgebenden Zustand geistiger Entwicklung erreicht hat.

Würde man dieser Tatsache keine Rechnung tragen, so könnte das zu Härten und Unzuträglichkeiten führen. Natürlich geht es nicht an, die volle Verantwortlichkeit einseitig an das Vorhandensein der Einsichtsfähigkeit zu knüpfen; auch die Selbstbestimmungsfähigkeit muß berücksichtigt werden, um so mehr, weil gerade Taubstumme, worauf *Sommer* hinweist, viele psychopathische Züge tragen. Dementsprechend sagt § 19 I des E., daß der Taubstumme nicht zurechnungsfähig ist, der wegen zurückgebliebener geistiger Entwicklung unfähig ist, das Ungesetzliche der Tat einzusehen oder seinen Willen dieser Einsicht gemäß zu bestimmen.

Darüber hinaus hat aber noch der E. in einem 2. Absatz zu § 19 die Möglichkeit berücksichtigt, daß die eben erwähnte Fähigkeit zur Zeit der Tat — dieser zeitliche Hinweis (vgl. S. 15, 41) fehlt übrigens im § 19 I — wegen zurückgebliebener geistiger Entwicklung nur in hohem Grade beeinträchtigt war. In diesem Falle tritt ebenso eine Strafmilderung ein, wie bei verminderter Zurechnungsfähigkeit, also nach § 111. Der E. (S. 32) hält es im Gegensatz zum geltenden Strafgesetzbuch für ungerecht, den geistig gesunden Taubstummen immer als voll verantwortlich anzusehen, wenn er wegen zurückgebliebener Entwicklung nicht gerade völlig unfähig ist, das Ungesetzliche der Tat einzusehen oder dieser Einsicht gemäß zu handeln. Er hat daher die eben erwähnte besondere Zwischenstufe der verminderten Zurechnungsfähigkeit Taubstummer mit der Folge der Strafmilderung geschaffen.

Ich persönlich verfüge nicht über ausreichende eigene Erfahrungen, um auf Grund dieser zu der Frage der Verantwortlichkeit krimineller Taubstummer Stellung nehmen zu dürfen. Folge ich aber den überzeugenden Ausführungen *Aschaffenburgs* in *Hoches* Handbuch der gerichtlichen Psychiatrie (2. Aufl. 81), so muß ich es freudig begrüßen, daß der E. wie auch der K. E. die besondere Stellung der Taubstummen im Strafrecht ausdrücklich wieder anerkennt, wenn auch nach dem V. E. (S. 264) die neuere ausländische Strafgesetzgebung (Norwegen, Japan, Rußland und der Schweizer Entwurf) darauf verzichten. Freilich läßt auch der E. eine Bestimmung darüber vermissen, wie man die Gesellschaft vor gefährlichen Taubstummen schützen soll, wenn nicht auf § 88 Bezug genommen wird.

Wie sich aus meinen Ausführungen ergibt, bedeutet der E. von 1919 gegenüber dem V. E. von 1909, gar nicht zu reden von dem jetzigen Strafgesetzbuch von 1871, in psychiatrischer Hinsicht einen ganz erheblichen Fortschritt. Mit tiefer Befriedigung können wir feststellen, daß der E. die von unserer Seite geäußerten Wünsche, die nicht nur allgemein bei einer Erörterung einer Reform des Strafrechts, sondern vor allem bei der Kritik des V. E. laut wurden, in weitestem Maße berücksichtigt hat. Und die Befriedigung darüber ist um so größer und berechtigter, als die Zahl unserer Wünsche wahrlich nicht gering war. Es ist mir ein

Bedürfnis, an dieser Stelle der großen Verdienste *Moelis* mit besonderem Danke zu gedenken.

Freilich muß betont werden, daß der Entwurf noch nicht restlos befriedigt, soweit ich als Psychiater darüber zu urteilen habe. Indes handelt es sich hierbei einmal um Fragen mehr formaler Art, dann aber um Einwendungen und Forderungen, über die eine Einigung zweifellos leicht herbeizuführen ist. Grundsätzliche Meinungsverschiedenheiten bestehen kaum noch.

Wie schon in der Einleitung betont ist, stellt auch der E. nur eine Privatarbeit dar; nachdrücklich lehnt die Denkschrift (S. 7, 8) seinen amtlichen Charakter ab. Wenn tatsächlich der endgültige Entwurf schon in Kürze der gesetzgebenden Körperschaft zugehen soll[1]), wird dieser vermutlich kaum eine einschneidende Änderung gegenüber dem E. aufweisen.

Von deutscher Seite ist nur in geringem Maße — vor allem wohl wegen der durch die Teuerung bedingten Einschränkung literarischer Arbeit; vielleicht aber auch wegen der Überflutung mit andern neuen Gesetzen, die die beteiligten Kreise schon hinreichend in Anspruch nehmen — zu dem Entwurf Stellung genommen, während die kriminalistische Vereinigung in Österreich unter Führung des Professors *W. Gleispach* eine umfassende Sonderarbeit veröffentlicht hat, an der sich auch Nichtjuristen, und unter diesen der Psychiater *E. Raimann* beteiligt haben. Ich habe sie erst nach Fertigstellung meiner Arbeit kennen gelernt; daß ich der in ihr geübten Kritik in den wesentlichen Punkten zustimme oder zugestimmt habe, darf ich wohl betonen.

Die Gefahren, die einem Gesetzentwurf bei der parlamentarischen Beratung drohen, dürfen nicht unterschätzt werden; vor allem nicht bei einem Strafgesetzbuch. Konfessionelle Erwägungen sprechen ein Wort mit, vor allem aber heute mehr denn je auch noch parteipolitische Gesichtspunkte; und daß diese schon fast bei einem jeden von uns den klaren Blick zu trüben drohen, kann man täglich erfahren.

Entspricht aber das endgültige Strafgesetzbuch dem E., so hat das zur Folge, daß dem Richter ein sehr viel größerer und wichtigerer Aufgabenkreis zufällt als bisher. Nicht nur, daß der E. ihn erheblich freier stellt als das geltende Recht, er muß vor allem noch mehr der psychischen Eigenart des Täters gerecht werden und eine psychologische Differenzierung in einem Maße vornehmen, die ihm bisher vielfach fremd war. Es muß doch immer wieder betont werden, daß unter den Rechtsbrechern die pathologischen Naturen eine nicht geringe Zahl ausmachen. Daraus ergibt sich die Notwendigkeit, daß der Richter der Zukunft sich vor allem mit der Psychiatrie und insbesondere mit der Psychopathologie der Grenzzustände befassen muß. Gewiß bestehen in vielen

[1]) Anmerkung bei der Korrektur: Nach einer Zeitungsnotiz soll der amtliche Entwurf noch im August d. J. dem Reichsrat zugehen.

größeren Orten psychologisch-forensische Vereinigungen, an deren Zustandekommen und Tätigkeit übrigens die Psychiater sehr viel mehr tätigen Anteil nehmen als die Juristen. Aber sie genügen doch bei weitem nicht, um die Richter mit den abnormen Geisteszuständen hinreichend bekannt zu machen. Die schon früher von psychiatrischer Seite immer wieder erhobene Forderung, in das juristische Studium Pflichtvorlesungen über gerichtliche Psychiatrie einzufügen, kann bei dieser Gelegenheit nicht scharf genug wiederholt werden.

Alle Wünsche einer modernen Schule hat der Entwurf nicht erfüllt und konnte sie vielleicht auch nicht erfüllen. Es ist nicht meine Aufgabe, zu untersuchen, ob es nicht doch möglich gewesen wäre, allen Forderungen der *Liszt*schen Schule gerecht zu werden und deren Grundsätze zielbewußt und überall durchzuführen, statt sich mit Kompromissen, an die uns die Macht der Tatsachen immer wieder von neuem gewöhnt, zu begnügen. Gewichtige Autoren treten in nicht geringer Zahl für den Dualismus der Strafe und der sichernden Maßnahme, für die praktische Ausgestaltung des Schuld- und des Zweckgedankens im Strafrecht, auch heute ein.

Soweit es sich um abnorme Rechtsbrecher handelt, weist der E. Fortschritte auf, an die wir vor einigen Jahrzehnten kaum zu denken gewagt hätten. Sie sind schon in der vorliegenden Form geeignet, nicht nur die Gesellschaft in weitem Umfange und nachhaltig zu schützen, sondern auch, soweit das überhaupt möglich ist, zur Besserung und Genesung der Rechtsbrecher beizutragen. Gerade auf diesen Gesichtspunkt ist heute besonderer Wert zu legen, da einmal die schweren Erschütterungen, die von außen und innen auf unser Volk einstürmen, nicht ohne Einfluß auf dessen Gesundheit bleiben können, und da anderseits so manche Verfehlungen gegen die sozialrechtliche Ordnung, auch da oder vielleicht gerade da, wo es sich um Massenerscheinungen handelt, nur vom psychiatrischen Standpunkt aus eine Erklärung finden.

Ich glaube, meine Arbeit nicht besser schließen zu können, als wenn ich mit *Kahl* (vgl. sein Referat über die Schaffung eines neuen Irrengesetzes) hervorhebe, daß mit Rücksicht auf obige Ausführungen die Reform des Strafrechts wie die Reform des Irrenwesens nichts anderes denn eine Teilaufgabe für den Wiederaufbau unseres Vaterlandes überhaupt — ich meine hinsichtlich seiner psychischen Gesundung — bedeutet.

## I. Geisteskranke.

### Strafen.

*Jetziges Strafgesetzbuch.*

§ 51. Eine strafbare Handlung ist nicht vorhanden, wenn der Täter zur Zeit der Begehung der Handlung sich in einem Zustande von Bewußtlosigkeit oder krankhafter Störung der Geistestätigkeit befand, durch welchen seine freie Willensbestimmung ausgeschlossen war.

*Vorentwurf 1909.*

§ 63. Nicht strafbar ist, wer zur Zeit der Handlung geisteskrank, blödsinnig oder bewußtlos war, so daß dadurch seine freie Willensbestimmung ausgeschlossen wurde.

War die freie Willensbestimmung durch einen der vorbezeichneten Zustände zwar nicht ausgeschlossen, jedoch in hohem Grade vermindert, so finden hinsichtlich der Bestrafung die Vorschriften über den Versuch (§ 76) Anwendung. Zustände selbstverschuldeter Trunkenheit sind hiervon ausgenommen.

Freiheitsstrafen sind an den nach Abs. 2 Verurteilten unter Berücksichtigung ihres Geisteszustandes und, soweit dieser es erfordert, in besonderen, für sie ausschließlich bestimmten Anstalten oder Abteilungen zu vollstrecken.

*Entwurf 1919.*

§ 18. Nicht zurechnungsfähig ist, wer zur Zeit der Tat wegen Bewußtseinsstörung, wegen krankhafter Störung der Geistestätigkeit oder wegen Geistesschwäche unfähig ist, das Ungesetzliche der Tat einzusehen, oder seinen Willen dieser Einsicht gemäß zu bestimmen.

War die Fähigkeit zur Zeit der Tat aus einem dieser Gründe nur in hohem Grade vermindert, so ist die Strafe zu mildern (§ 111). Dies gilt nicht bei Bewußtseinsstörungen, die auf selbstverschuldeter Trunkenheit beruhten.

§ 52. Bei der Vollstreckung von Freiheitsstrafen gegen vermindert Zurechnungsfähige ist deren Geisteszustand zu berücksichtigen. Wenn dieser es erfordert, sind die Gefangenen in besonderen Anstalten oder Abteilungen unterzubringen; Zuchthausgefangene sind von anderen Gefangenen, soweit möglich, getrennt zu halten.

## Maßregeln der Besserung und Sicherung.

*Jetziges Strafgesetzbuch.*

---

*Vorentwurf 1909.*

§ 65. Wird jemand auf Grund des § 63 Abs. 1 freigesprochen oder außer Verfolgung gesetzt, oder auf Grund des § 63 Abs. 2 zu einer milderen Strafe verurteilt, so hat das Gericht, wennn es die öffentliche Sicherheit erfordert, seine Verwahrung in einer öffentlichen Heil- oder Pflegeanstalt anzuordnen. War der Grund der Bewußtlosigkeit selbstverschuldete Trunkenheit, so finden auf den Freigesprochenen oder außer Verfolgung Gesetzten außerdem die Vorschriften des § 43 über die Unterbringung in eine Trinkerheilanstalt entsprechende Anwendung.

Im Falle des § 63, Abs. 2, erfolgt die Verwahrung nach verbüßter Freiheitsstrafe.

Auf Grund der gerichtlichen Entscheidung hat die Landespolizeibehörde für die Unterbringung zu sorgen. Sie bestimmt auch über die Dauer der Verwahrung und über die Entlassung. Gegen ihre Bestimmung ist gerichtliche Entscheidung zulässig.

Die erforderlichen Ausführungsvorschriften werden vom Bundesrat erlassen.

*Entwurf 1919.*

§ 88. Wird jemand nach § 18 Abs. 1 wegen fehlender Zurechnungsfähigkeit freigesprochen oder außer Verfolgung gesetzt oder nach § 18 Abs. 2 als vermindert zurechnungsfähig verurteilt, so ordnet das Gericht seine Verwahrung in einer öffentlichen Heil- oder Pflegeanstalt an, falls die öffentliche Sicherheit diese Maßregel erfordert.

Genügt Schutzaufsicht, so ist diese anzuordnen.

§ 89. Die Verwahrung bewirkt die Landespolizeibehörde.

Ist auf die Verwahrung neben einer Freiheitsstrafe erkannt worden, so verbüßt der Verurteilte zunächst die Strafe. Ist die Verwahrung durch den Strafvollzug überflüssig geworden, so wird der Verurteilte nicht mehr in der Heil- oder Pflegeanstalt untergebracht; dies gilt auch dann, wenn der Verurteilte aus der Strafhaft vorläufig entlassen und die Entlassung nicht widerrufen wird.

Hat das Gericht dem Verurteilten bedingte Strafaussetzung bewilligt, so wird er in der Heil- oder Pflegeanstalt untergebracht, sobald das Urteil rechtskräftig geworden ist; die Zeit, die er in der Anstalt zugebracht hat, wird auf die Probezeit angerechnet.

§ 90. Über die Entlassung bestimmt die Landespolizeibehörde.

Eine Fortdauer der Verwahrung über zwei Jahre hinaus kann nur das Gericht anordnen. Ordnet es die Fortdauer an, so bestimmt es zugleich, wann seine Entscheidung von neuem einzuholen ist.

## II. Trunkene und Trunksüchtige.

*Jetziges Strafgesetzbuch.*

§ 361. Mit Haft wird bestraft: 5. wer sich dem Spiel, Trunk oder Müßiggang dergestalt hingibt, daß er in einen Zustand gerät, in welchem zu seinem Unterhalte oder zum Unterhalte derjenigen, zu deren Ernährung er verpflichtet ist, durch Vermittlung der Behörde fremde Hilfe in Anspruch genommen werden muß.

*Vorentwurf 1909.*

§ 43. Ist eine strafbare Handlung auf Trunkenheit zurückzuführen, so kann das Gericht neben der Strafe dem Verurteilten den Besuch der Wirtshäuser auf die Dauer bis zu einem Jahre verbieten. Ist Trunksucht festgestellt, so kann das Gericht neben einer mindestens zweiwöchigen Gefängnis- oder Haftstrafe die Unterbringung des Verurteilten in eine Trinkerheilanstalt bis zu seiner Heilung, jedoch höchstens auf die Dauer von zwei Jahren anordnen, falls diese Maßregel erforderlich erscheint, um den Verurteilten wieder an ein gesetzmäßiges und geordnetes Leben zu gewöhnen.

Auf Grund dieser Entscheidung hat die Landespolizeibehörde für die Unterbringung zu sorgen. Sie ist befugt, den Untergebrachten im Falle seiner früheren Heilung auch vor dem Ablaufe der bestimmten Zeit aus der Anstalt zu entlassen.

§ 63. Abs. 2, Satz 2.

§ 64. War der Grund der Bewußtlosigkeit selbstverschuldete Trunkenheit und hat der Täter in diesem Zustand eine Handlung begangen, die auch bei fahrlässiger Begehung strafbar ist, so tritt die für die fahrlässige Begehung angedrohte Strafe ein.

§ 65. Abs. 1, Satz 2.

§ 306. Mit Geldstrafe bis zu dreihundert Mark oder mit Haft oder Gefängnis bis zu drei Monaten wird bestraft:

3. wer sich durch eigenes Verschulden in einen Zustand von Trunkenheit versetzt, in dem er eine grobe Störung der öffentlichen Ordnung oder eine persönliche Gefahr für andere verursacht.

§ 309. Mit Geldstrafe bis zu einhundert Mark oder mit Haft bis zu einem Monat wird bestraft:

6. wer in einem Zustande selbstverschuldeter Trunkenheit, der geeignet ist, Ärgernis zu erregen, an einem öffentlichen Ort betroffen wird.

*Entwurf 1919.*

§ 18, Abs. 2, Satz 2.

§ 91. Wird jemand, der zu Ausschreitungen im Trunke neigt, wegen einer Straftat, die er in selbstverschuldeter Trunkenheit begangen hat, oder wegen sinnloser Trunkenheit (§ 274) verurteilt, so kann ihm das Gericht für eine bestimmte Frist verbieten, sich in Wirtshäusern geistige Getränke verabreichen zu lassen.

Das Verbot ist nur zulässig, wenn auf eine Freiheitsstrafe von höchstens 6 Monaten oder auf Geldstrafe oder auf Verweis erkannt wird.

Die Frist ist mindestens auf drei Monate und höchstens auf ein Jahr zu bemessen. Sie wird von dem Tage berechnet, an dem das Urteil rechtskräftig wird; die Zeit, während welcher der Verurteilte eine Freiheitsstrafe verbüßt, wird in die Frist nicht eingerechnet.

§ 92. Wird ein Trunksüchtiger wegen einer Straftat, die er in der Trunkenheit begangen hat, oder wegen sinnloser Trunkenheit (§ 274) zu Strafe verurteilt, so ordnet das Gericht seine Unterbringung in einer Trinkerheilanstalt an, falls diese Maßregel erforderlich ist, um ihn an ein gesetzmäßiges und geordnetes Leben zu gewöhnen.

Genügt Schutzaufsicht, so ist diese anzuordnen.

§ 93. Die Unterbringung in der Trinkerheilanstalt bewirkt die Landespolizeibehörde.

Die Vorschriften des § 89 Abs. 2, 3 gelten entsprechend.

§ 94. Die Landespolizeibehörde entläßt den Verurteilten aus der Trinkerheilanstalt, sobald der Zweck der Maßregel erreicht ist. Dabei kann sie ihm besondere Pflichten auferlegen; sie kann ihn auch unter Schutzaufsicht stellen.

Stellt sich heraus, daß der Zweck der Maßregel noch nicht erreicht war, so kann die Landespolizeibehörde die Entlassung widerrufen.

Mit Ablauf einer Frist von zwei Jahren, von der ersten Unterbringung an gerechnet, erreichen alle Maßnahmen, die auf Grund der Anordnung des Gerichts getroffen worden sind, ihr Ende.

§ 274. Wer sich schuldhaft in Trunkenheit versetzt, wird mit Gefängnis bis zu sechs Monaten oder mit Geldstrafe bis zu dreitausend Mark bestraft, wenn er eine Handlung begeht, wegen deren er nicht bestraft werden kann, weil er infolge der Trunkenheit nicht zurechnungsfähig war.

Ist der Täter schon früher wegen sinnloser Trunkenheit oder wegen strafbarer Ausschreitungen im Trunke verurteilt worden, so ist die Strafe Gefängnis bis zu zwei Jahren oder Geldstrafe.

In besonders leichten Fällen kann von Strafe abgesehen werden.

## III. Kinder und Jugendliche.

*Jetziges Strafgesetzbuch.*

§ 55. Wer bei Begehung der Handlung das zwölfte Lebensjahr nicht vollendet hat, kann wegen derselben nicht strafrechtlich verfolgt werden. Gegen denselben können jedoch nach Maßgabe der landesgesetzlichen Vorschriften die zur Besserung und Beaufsichtigung geeigneten Maßregeln getroffen werden. Die Unterbringung in eine Familie, Erziehungsanstalt oder Besserungsanstalt kann nur erfolgen, nachdem durch Beschluß des Vormundschaftsgerichtes die Begehung der Handlung festgestellt und die Unterbringung für zulässig erklärt ist.

§ 56. Ein Angeschuldigter, welcher zu einer Zeit, als er das zwölfte, aber nicht das achtzehnte Lebensjahr vollendet hatte, eine strafbare Handlung begangen hat, ist freizusprechen, wenn er bei Begehung derselben die zur Erkenntnis ihrer Strafbarkeit erforderliche Einsicht nicht besaß.

In dem Urteile ist zu bestimmen, ob der Angeschuldigte seiner Familie überwiesen oder in eine Erziehungs- oder Besserungsanstalt gebracht werden soll. In der Anstalt ist er solange zu behalten, als die der Anstalt vorgesetzte Verwaltungsbehörde solches für erforderlich erachtet, jedoch nicht über das vollendete zwanzigste Lebensjahr.

§ 57. Wenn ein Angeschuldigter, welcher zu einer Zeit, als er das zwölfte, aber nicht das achtzehnte Lebensjahr vollendet hatte, eine strafbare Handlung begangen hat, bei Begehung derselben die zur Erkenntnis ihrer Strafbarkeit erforderliche Einsicht besaß, so kommen gegen ihn folgende Bestimmungen zur Anwendung:

1. ist die Handlung mit dem Tode oder mit lebenslänglichem Zuchthaus bedroht, so ist auf Gefängnis von drei bis zu fünfzehn Jahren zu erkennen;

2. ist die Handlung mit lebenslänglicher Festungshaft bedroht, so ist auf Festungshaft von drei bis zu fünfzehn Jahren zu erkennen;

3. ist die Handlung mit Zuchthaus oder mit einer anderen Strafart bedroht, so ist die Strafe zwischen dem gesetzlichen Mindestbetrage der angedrohten Strafart und der Hälfte des Höchstbetrages der angedrohten Strafe zu bestimmen.

Ist die so bestimmte Strafe Zuchthaus, so tritt Gefängnisstrafe von gleicher Dauer an ihre Stelle;

4. ist die Handlung ein Vergehen oder eine Übertretung, so kann in besonders leichten Fällen auf Verweis erkannt werden;

5. auf Verlust der bürgerlichen Ehrenrechte überhaupt oder einzelner bürgerlichen Ehrenrechte, sowie auf Zulässigkeit von Polizeiaufsicht ist nicht zu erkennen.

Die Freiheitsstrafe ist in besonderen, zur Verbüßung von Strafen jugendlicher Personen bestimmten Anstalten oder Räumen zu vollziehen.

*Vorentwurf 1909,*

§ 68. Nicht strafbar ist, wer bei Begehung der Handlung das vierzehnte Lebensjahr nicht vollendet hat.

§ 69. Hatte der Täter zur Zeit der Tat das achtzehnte Lebensjahr nicht vollendet, so sind hinsichtlich der Bestrafung die Vorschriften über den Versuch (§ 76) anzuwenden, doch darf auf lebenslängliches Zuchthaus nicht erkannt werden. Ist die danach bestimmte Strafe Zuchthaus, so tritt Gefängnisstrafe von gleicher Dauer an ihre Stelle. Auf Verschärfung des Strafvollzugs (§ 18), Arbeitshaus (§ 42), Verlust der bürgerlichen Ehrenrechte (§§ 46 bis 49) und Aufenthaltsbeschränkung (§ 53) ist nicht zu erkennen.

Erscheint die Tat hauptsächlich als Folge mangelhafter Erziehung oder ist sonst anzunehmen, daß Erziehungsmaßregeln erforderlich sind, um den Täter an ein gesetzmäßiges Leben zu gewöhnen, so kann das Gericht neben oder an Stelle einer Freiheitsstrafe seine Überweisung zur staatlich überwachten Erziehung anordnen. Die Art und Dauer der Erziehungsmaßregeln bestimmen sich nach den hierfür bestehenden Gesetzen, doch kann das Gericht die Unterbringung in eine Erziehungs- oder Besserungsanstalt vorschreiben.

§ 70. Die Freiheitsstrafen gegen Jugendliche sind in besonderen, für sie ausschließlich bestimmten Anstalten oder Abteilungen zu vollstrecken. Dabei sind die voll zurechnungsfähigen Jugendlichen von vermindert zurechnungsfähigen vollständig abzusondern.

Freiheitsstrafen gegen vermindert zurechnungsfähige Jugendliche können auch in staatlich überwachten Erziehungs-, Heil- oder Pflegeanstalten vollzogen werden.

*Entwurf 1919.*

§ 129. Ein Kind, das eine mit Strafe bedrohte Handlung begeht, gilt als nicht zurechnungsfähig.

§ 130. Ein Jugendlicher, der eine mit Strafe bedrohte Handlung begeht, ist nicht zurechnungsfähig, wenn er zur Zeit der Tat wegen zurückgebliebener Entwicklung oder mangels geistiger oder sittlicher Reife unfähig ist, das Ungesetzliche der Tat einzusehen oder seinen Willen gemäß dieser Einsicht zu bestimmen.

§ 131. Ist der Täter zur Zeit der Aburteilung noch jugendlich, so hat das Gericht im Urteile darüber zu befinden, ob Erziehungsmaßregeln erforderlich sind, um den Jugendlichen an ein gesetzmäßiges Leben zu gewöhnen.

§ 132. Hält das Gericht Erziehungsmaßregeln für ausreichend, so hat es diese anzuordnen und von Strafe abzusehen.

Hält das Gericht sowohl Strafe als auch Erziehungsmaßregeln für erforderlich, so ist auf beides nebeneinander zu erkennen.

Auf die erforderlichen Erziehungsmaßregeln hat das Gericht auch dann zu erkennen, wenn es den Jugendlichen wegen fehlender Zurechnungsfähigkeit freispricht oder wegen Annahme eines besonders leichten Falles von Strafe absieht.

§ 133. Die Erziehungsmaßregeln können darin bestehen, daß der Jugendliche vermahnt oder der Zucht des gesetzlichen Vertreters oder der Schulbehörde überwiesen wird oder daß eine andere Anordnung über seine Erziehung und Unterbringung getroffen wird oder daß er unter Fürsorgeerziehung gestellt wird.

Das Gericht kann den Jugendlichen bis zur Dauer von drei Jahren, jedoch nicht über das einundzwanzigste Lebensjahr hinaus unter Schutzaufsicht stellen. Die Schutzaufsicht kann auch neben einer anderen Erziehungsmaßregel angeordnet werden.

Schon vor dem Urteil kann das Gericht vorläufig Anordnungen über Erziehung und Unterbringung des Jugendlichen treffen.

§ 134. Für die Strafbemessung gelten bei Taten, die jemand als Jugendlicher begangen hat, die gleichen Vorschriften wie für die Strafbemessung bei Irrtum. (§ 110).

Diese Vorschriften sind auch dann anzuwenden, wenn mit dem Milderungsgrunde der Jugend andere Milderungsgründe (§§ 110, 111) zusammentreffen.

§ 135. Bedingte Strafaussetzung kann einem Verurteilten, der die Tat als Jugendlicher begangen hat, auch dann bewilligt werden, wenn der sofortige Strafvollzug eine Erziehungsmaßregel gefährden würde.

Daß der Verurteilte bereits Freiheitsstrafe wegen Verbrechens oder Vergehens verbüßt hat, steht der bedingten Strafaussetzung nicht entgegen.

§ 136. Der Strafvollzug gegen einen Jugendlichen ist so zu bewirken, daß unter Wahrung des Ernstes der Strafe seine Erziehung gefördert wird.

Beim Vollzug von Freiheitsstrafen werden jugendliche Gefangene von erwachsenen getrennt gehalten.

Freiheitsstrafen von einem Monat oder mehr sind gegen Jugendliche in besonderen, ausschließlich für sie bestimmten Anstalten oder Abteilungen zu vollstrecken. In diesen können die Gefangenen mit Genehmigung der Aufsichtsbehörde belassen werden, auch nachdem sie achtzehn Jahre alt geworden sind, jedoch nur bis zur Volljährigkeit.

Darüber, ob ein Jugendlicher in Einzelhaft zu halten ist, befindet die Anstaltsbehörde.

## IV. Taubstumme.

*Jetziges Strafgesetzbuch.*

§ 58. Ein Taubstummer, welcher die zur Erkenntnis der Strafbarkeit einer von ihm begangenen Handlung erforderliche Einsicht nicht besaß, ist freizusprechen.

*Vorentwurf 1909.*

---

*Entwurf 1919.*

§ 19. Nicht zurechnungsfähig ist ein Taubstummer, der wegen zurückgebliebener geistiger Entwicklung unfähig ist, das Ungesetzliche der Tat einzusehen oder seinen Willen dieser Einsicht gemäß zu bestimmen.

War die Fähigkeit zur Zeit der Tat aus diesem Grunde nur in hohem Grade vermindert, so ist die Strafe zu mildern. (§ 111).

---

# Psychiatrische Kritik der Maßregeln der Besserung und Sicherung im Entwurf zu einem Deutschen Strafgesetzbuch (1919).

Je mehr man erkannte, daß in dem Kampfe der Gesellschaft gegen das Verbrechertum vor allem auch die Persönlichkeit des Täters Beachtung erheischt, um so dringlicher stellte sich das Bedürfnis heraus, über die Strafe hinaus oder unabhängig von ihr, sofern keine Schuld vorliegt, durch weitere gesetzliche Maßnahmen der Individualität des Täters vor allem dann Rechnung zu tragen, wenn nach seiner Eigenart, nach seinem Vorleben, nach seinem Verhalten zu den von ihm etwa bereits begangenen strafbaren Handlungen und seiner Reaktion auf etwaige Strafe die Begehung weiterer Verbrechen zu erwarten steht. Die hierauf zielenden Maßnahmen faßt der E. unter dem Namen der „Maßregeln der Besserung und Sicherung" zusammen. Nach der Denkschrift S. 84 liegt ihnen „der Gedanke zugrunde, daß es Fälle gibt, wo der Täter in seinem eigenen Interesse und mit Rücksicht auf die Allgemeinheit sich nicht selbst überlassen bleiben kann, ein staatlicher Eingriff unter dem Gesichtspunkte der Strafe sich aber vom Standpunkte der Schuldhaftung nicht oder nicht in dem erforderlichen Maße rechtfertigen läßt".

Das geltende Recht trägt diesen Erwägungen nur in geringem Umfange Rechnung, etwa bei der Überweisung eines jugendlichen Täters an seine Familie oder bei seiner Unterbringung in einer Erziehungs- oder Besserungsanstalt (§ 56 II Str.G.B.), sowie der Unterbringung einer Dirne in einem Asyl (§ 362 III Str.G.B.); vielleicht auch bei der Bestimmung über Arbeitshäuser und bei der Stellung unter Polizeiaufsicht — ich sage, vielleicht, weil diese Maßnahmen bei ihrer heutigen Handhabung kaum als Besserungsmaßregeln gelten können. Bereits der V. E. hatte, wie auch der österreichische und der schweizerische Entwurf, versucht, den Forderungen der modernen Strafrechtsschule gerecht zu werden. Der E. räumt ihnen eine größere Bedeutung ein, nicht zuletzt wohl unter dem Einfluß des G. E. Dieser erhebliche Fortschritt tritt schon rein äußerlich darin zutage, daß der E. wie auch der K. E. den sichernden und bessernden Maßregeln einen besonderen Abschnitt einräumt, während sie noch der V. E. in verschiedenen Kapiteln, einmal zugleich mit den Strafen und dem Schadensersatz (2. Abschnitt) und dann unter der freilich nicht völlig zutreffenden Überschrift „Strafausschließungs- und Milderungsgründe" (4. Abschnitt) behandelte.

Die Rücksicht auf den Raum zwingt mich, der verlockenden Versuchung zu widerstreben, die grundsätzliche Verschiedenheit zwischen Strafe und sichernden Maßnahmen hervorzuheben. Es kommt hier im wesentlichen auf eine kritische Stellungnahme des Psychiaters an. Somit handelt es sich nur um die Behandlung psychisch Abnormer, d. h. auch im klinischen, nicht lediglich im sozialen Sinne abnormer Individuen.

Im Laufe der Zeit nahm die vorliegende Arbeit einen solchen Umfang an, daß es mir schon aus Gründen der Übersichtlichkeit zweckmäßiger erschien, sie in einer besonderen Abhandlung neben den mehr allgemein gehaltenen psychiatrischen Bemerkungen (vgl. diese Arbeit S. 1—51) zu dem E. zu veröffentlichen; selbst auf die Gefahr hin, daß einige Wiederholungen, die nicht zu vermeiden waren, sich einstellten.

Als Maßregeln der Besserung und Sicherung kommen für geistesgestörte Personen die Schutzaufsicht und die Verwahrung in einer öffentlichen Heil- oder Pflegeanstalt, für Trunksüchtige oder Trunkene die Schutzaufsicht, das Wirtshausverbot und die Unterbringung in einer Trinkerheilanstalt in Betracht.

Die gemeinsamen Voraussetzungen aller dieser verschiedenen Maßnahmen sind zweifacher Natur, einmal solche ärztlicher und dann solche rechtlicher. Es genügt aber nicht, daß bestimmte Vorbedingungen derart erfüllt sind; es müssen auch die Maßnahmen so beschaffen sein, daß ihre Durchführung die Erreichung des vom Gesetzgeber bei ihrer Einführung angestrebten Ziels nicht nur ermöglicht, sondern, soweit angängig, sichert.

Alle diese Maßnahmen werden vom *Richter*, natürlich von dem Strafrichter, verhängt. Schon darin liegt ein erheblicher Fortschritt gegenüber dem jetzt geltenden Recht. Das Vorurteil gegen die psychiatrische Begutachtung eines Angeklagten ist nicht zum geringsten Teil darauf zurückzuführen, daß nach der Freisprechung des Täters die Gesellschaft gegen weitere Schädigungen von seiner Seite nicht hinreichend oder überhaupt nicht geschützt wird. Gewiß kann der Staatsanwalt den wegen Geisteskrankheit Z.r.u.f. der Polizeibehörde zur weiteren Verwahrung überweisen, falls dies die Rücksicht auf andere erfordert. Aber eine hinreichende Sicherheit wird damit nicht geboten. Der Polizeibehörde steht es frei, den Überwiesenen durch ihren Arzt zu untersuchen. Kommt dieser zu einem andern Urteil — und mit dieser Möglichkeit ist vor allem dann zu rechnen, wenn der Polizeiarzt nicht der Sachverständige des Gerichts ist und ihm nicht die Gerichtsakten zur Verfügung stehen —, oder spielt die Rücksicht auf die Kosten der Anstaltsunterbringung, die heute noch mehr als früher ins Gewicht fallen, eine Rolle, oder lehnt die Anstalt, vielleicht wegen Überfüllung, die Aufnahme dieser auch von ihr nicht gern gesehenen Individuen ab, so kann die Verwahrung unterbleiben. Die Polizeibehörde läßt es oft genug auch an einer zutreffenden Beurteilung des Tatbestandes fehlen. Noch unlängst entnahm ich den Akten einer Großstadt, daß deren Polizeibehörde die von der Staatsanwaltschaft angeregte Anstaltsunterbringung eines Paralytikers, der bei einer Behörde erhebliche Unterschlagungen begangen hatte, mit der Begründung, er sei nicht „gemeingefährlich“, ablehnte. Auch darf nicht übersehen werden, daß ein Vorgehen der Verwaltungsbehörde nur in den Grenzen in Frage kommt, „die ihrem Ermessen durch die Gesetze und die zur Verfügung stehenden Mittel gezogen sind“ (Denkschrift S. 85); die mangelnde Einheitlichkeit, die in dieser Beziehung im Reiche herrscht, kann ein Gefühl der Rechtsunsicherheit nur zu leicht aufkommen lassen. Andernorts (Archiv f. Psych. 1911. 48. S. 8—9) habe ich eine Begebenheit ausführlich mitgeteilt, die aufs deutlichste die in dieser Beziehung herrschenden Mißstände kennzeichnet. Der Strafrichter und nur der Strafrichter ist in der Lage, sich ein zutreffendes Bild darüber zu machen, welche Behandlung dem Angeklagten, nicht nur hinsichtlich einer Strafe, mit Rücksicht auf die Gesellschaft und auf ihn selbst, zuteil werden muß. Diese beiden Interessensphären müssen beachtetwerden. In erster Linie soll die Rücksicht auf die Gesellschaft maßgebend sein. Aber der einzelne soll unter der über ihn verhängten Maßnahme nicht mehr leiden, als sich sachlich rechtfertigen läßt, und wenn eine mildere Maßnahme ausreicht, kommt naturgemäß nur diese in Betracht. Wer zutreffend hierüber entscheiden soll, muß die Persönlichkeit sehr genau kennen. Das trifft für den Strafrichter zu, der nicht nur die Akten, sondern vor allem auch den Angeklagten selber kennt; nicht allein aus der etwaigen ärztlichen Begutachtung, sondern vor allem auch aus der persönlichen Vernehmung.

Der E. ist so sehr von der Überlegenheit des Strafgerichts gegenüber der Verwaltungsbehörde bei der Anordnung sichernder Maßnahmen überzeugt, daß er dem Gericht nicht nur gestattet, die Zulässigkeit, bestimmter Maßnahmen auszusprechen, sondern vielmehr ausdrücklich deren Anordnung überträgt. Damit wird ein selbständiges Vorgehen der Verwaltungsbehörde, wenigstens in gewissem Maße, erfreulicherweise ausgeschaltet; sie muß eben das tun, was das Gericht vorher beschlossen hat. Und hat so der Richter die Möglichkeit, auf Grund eigener Anschauungen auch der Gesellschaft den notwendigen Schutz in der geeignetsten Form zukommen zu lassen, so wird er eher geneigt sein, dem Gutachten des Sachverständigen zu folgen, der die Z.r.f.k. des Angeklagten leugnet oder nur eine vm. Z.r.f.k. anerkennt. Uns Irrenärzten kann die Möglichkeit eines ausgiebigen, zielbewußten, individuell abgestuften Gesellschaftsschutzes um so erwünschter sein, als gerade wir von jeher einen solchen mit besonderem Nachdruck verlangt haben.

## I. Geistige Mängel.

### *A. Verwahrung.*

#### 1. Zurechnungsunfähige.

Entsprechend dem eingangs (S. 221) erwähnten Grundsatz der Befugnis des Richters, Sicherungsmaßnahmen anzuordnen, bestimmt § 88 I E.: „Wird jemand nach § 18 Abs. 1 wegen fehlender Zurechnungsfähigkeit freigesprochen oder außer Verfolgung gesetzt . . ., so ordnet das Gericht seine Verwahrung in einer öffentlichen Heil- oder Pflegeanstalt an, falls die öffentliche Sicherheit diese Maßregel erfordert.“ Ich vermisse aber eine Bestimmung für den Fall, daß der Staatsanwalt sich im *Ermittlungsverfahren* von der Z.r.u.f.k. des Angeschuldigten überzeugt und von einer Erhebung der Anklage absieht. Soll dann etwa, um dem Wortlaut des E. Genüge zu tun, eine Verhandlung stattfinden? Lediglich zu dem Zweck, daß dem Gericht Gelegenheit gegeben wird, eine Verwahrung anzuordnen? Kommt eine strafbare Handlung eines Geisteskranken nur der Polizeibehörde zur Kenntnis, ohne daß der Staatsanwalt amtlich mit ihr befaßt wird, so ist es ihre Sache, die etwa gebotene

Anstaltsunterbringung herbeizuführen. Das gilt vor allem dann, wenn der Geisteskranke noch keine strafbare Handlung begangen hat, mit dieser Möglichkeit aber nach der Eigenart seiner Persönlichkeit und der Psychose zu rechnen ist. Gewiß hat auch der Strafrichter Aufgaben prophylaktischen Charakters zu erfüllen, aber erst dann, wenn bereits gegen die Bestimmungen des Strafgesetzbuchs gefehlt ist. Ein derartiger Verstoß ist die Voraussetzung strafrechtlichen Eingreifens. Vorher einzuschreiten ist lediglich Sache der Verwaltungsbehörde.

Die *Verwahrung* ist eine einschneidende Maßnahme. Sie ist nur dann zulässig, wenn die mildere Maßnahme, die *Schutzaufsicht, nicht genügt.* In positiver Hinsicht bestimmt der E., daß auch diese Maßnahme nur dann verhängt werden darf, falls es die *öffentliche Sicherheit erfordert*, oder wie ich, um auch den einzelnen sowie Privatrechtsgüter zu schützen, lieber sagen möchte, falls es die *Rechtssicherheit* erfordert (S. 177). Erfreulicherweise hat der E. wie auch der V. E. die Anwendung des sehr viel gebrauchten und mißbrauchten Wortes Gemeingefährlichkeit vermieden. Diese *Gefährdung* muß durch eine Psychose bedingt sein, und zwar *durch die Psychose*, die den Angeklagten *z.r.u.f.* gemacht hat. Würde also die Psychose, die eine Bestrafung des Täters ausschließt, abgeklungen sein, und zur Zeit der Verhandlung eine andersartige, dem Wesen und der Natur nach von jener verschiedene Geistesstörung ebenfalls antisozialen Charakters vorliegen, so könnte auf Grund des § 88 I E. eine Verwahrung nicht herbeigeführt werden; dies müßte vielmehr der Polizeibehörde zu überlassen sein. Aber, wie nochmals betont sein mag, nur dann, wenn die Psychose, die zur Zeit der Tat vorlag, und die Geistesstörung im Zeitpunkt der Verhandlung nicht dem einheitlichen Bilde einer anfallsweise verlaufenden Krankheit, etwa des manisch-depressiven Irreseins, entsprechen.

Somit muß vom psychiatrischen Standpunkt aus gefordert werden, daß in der Vergangenheit eine Psychose vorlag, die die Z.r.f.k. ausschloß, die auch jetzt noch zur Zeit der Verhandlung besteht und die weiterhin anhalten und die Rechtssicherheit gefährden wird, und zwar in einem solchen Maße, daß diese Gefahr nur auf dem Wege der Anstaltsunterbringung beseitigt werden kann.

Was ergibt sich daraus?

Es darf nicht genügen, daß bei dem Angeklagten ein Zustand festgestellt wird, der eine, kurz gesagt, generelle oder absolute Z.r.u.f.k. mit sich bringt. Es muß vielmehr nachgewiesen werden, daß eine *Z.r.u.f.k. gerade für die* dem Individuum *zur Last gelegte Handlung* besteht. Und es muß weiterhin der Beweis erbracht werden, daß hier *tatsächlich eine nach dem Strafrecht zu ahndende Handlung* vorlag, und der Angeklagte diese *begangen hat.* Diese Forderungen erscheinen so selbstverständlich, daß ich wiederholt bemerkte, daß Juristen, vor denen ich meine Ansichten entwickelte, ein leichtes Lächeln nicht unterdrücken konnten.

Ich habe es aber mehrmals erlebt, daß das Gericht sich mit der Feststellung einer, kurz gesagt, in strafrechtlicher Beziehung schweren Geistesstörung begnügte, ohne zu untersuchen, ob wirklich X. die Tat begangen hat und diese als eine strafbare Handlung im Sinne des Gesetzes anzusehen ist. Gilt dies schon von der Strafkammer, so trifft es in erhöhtem Maße für die Tätigkeit der Geschworenen zu. Verneinen diese die Frage der Schuld des Angeklagten, so läßt sich mangels der Verpflichtung, den Freispruch zu begründen, nicht sagen, ob die Geschworenen ihn freigesprochen haben, weil nach ihrer Ansicht die in Betracht kommende Tat nach dem Strafgesetzbuch nicht verboten ist, oder weil X. sie nicht begangen hat, oder weil X. z.r.u.f. ist, oder weil andere Gründe vorgelegen haben. Der Richter der Zukunft muß sich also mit aller Deutlichkeit über den objektiven und subjektiven Tatbestand auslassen; das gilt vor allem von den Geschworenen. Ihnen fällt damit keine grundsätzlich neue Aufgabe zu; denn schon jetzt (§ 298 St.P.O.) muß ihnen, sofern der Angeklagte das 18. Lebensjahr nicht erreicht hat oder taubstumm ist, die Frage vorgelegt werden, ob er bei Begehung der Tat die zur Erkenntnis ihrer Strafbarkeit erforderliche Einsicht besessen hat. Übrigens mußte im älteren preußischen Recht, worauf *Goldschmidt* gelegentlich einer Besprechung des V. E. hinweist, bei der Freisprechung unterschieden werden, ob Nichttäterschaft oder Z.r.u.f.k. angenommen wird.

Somit setzt die Verurteilung zur Verwahrung voraus, daß X. 1. eine Handlung, die das Strafgesetzbuch verbietet, begangen hat, 2. für seine Handlung aber nicht verantwortlich gemacht werden kann, weil er geistesgestört war, 3. indessen der Verwahrung bedarf, weil er durch die Psychose die Rechtssicherheit so gefährdet, daß die Gesellschaft nur durch seine Anstaltsverwahrung hinreichend geschützt ist. Würde die schon von mir erwähnte Möglichkeit eintreten, daß das Gericht die Verwahrung verhängt, ohne daß die unter 1 und 2 angegebenen Voraussetzungen erfüllt sind, so ist ja sicher an der Berechtigung der Anstaltsunterbringung kein Zweifel. Aber nicht nur der Kranke, auch seine Familie hat ein begreifliches Interesse daran, daß eine Einweisung in eine Irrenanstalt durch den Strafrichter nur dann erfolgen darf, wenn alle aus dem Strafrecht sich ergebenden Voraussetzungen erfüllt sind; das ist ein Gebot der Gerechtigkeit.

Daraus ergibt sich, daß der Richter, der nach dem E. zu urteilen hat, eine noch größere Aufmerksamkeit dem Geisteszustand des Angeklagten zuzuwenden hat als bisher. Gewiß wird er sich der Führung des Sachverständigen anvertrauen, da es sich hier um ein Gebiet handelt, auf dem er für gewöhnlich Laie ist. Aber wird eine zukünftige Strafprozeßordnung vorschreiben, daß der *Richter vor Verhängung der Verwahrung den Sachverständigen hören muß*?

Ich meine, ja. Wenn nicht, könnte es dahin kommen, daß jemand zur Verwahrung verurteilt wird, der gar nicht geisteskrank ist. Gewiß wäre der Anstaltsleiter berechtigt, sogar verpflichtet, einen derartigen Menschen in seiner Anstalt aufzunehmen; und es kann ihm kein Vorwurf daraus gemacht werden, daß er eine Person, die er selber nicht für krank hält, in seiner Anstalt zurückhält. Er handelt ja nicht widerrechtlich, sofern er nur sofort die ihm zustehenden Mittel ergreift, von seiner entgegengesetzten Ansicht die maßgebenden Behörden zu unterrichten. Aber selbst den günstigsten Fall angenommen, daß sein Einspruch sofort Erfolg hat, brauche ich nicht darauf hinzuweisen, in welche Gewissenskonflikte der Anstaltsarzt gerät, der gezwungen wird, wider seine Überzeugung, im Gegensatz zu seiner wissenschaftlichen Anschauung, eine von ihm für gesund gehaltene Person in der Irrenanstalt zurückzuhalten.

Man könnte daran denken, daß der Täter in der Absicht, den Richter zu täuschen, eine Geisteskrankheit simuliert, um sich Straffreiheit zu sichern. Ich glaube aber, daß diese Gefahr nicht allzu hoch einzuschätzen ist. Die Möglichkeit einer Verwahrung wird vielmehr eine Simulation als nicht ratsam erscheinen lassen; denn stellt sich während der Verwahrung in der Anstalt die Simulation heraus, und mit dieser Möglichkeit muß bei der Beobachtung durch sachverständige Ärzte gerechnet werden, so droht dem Simulanten die Gefahr, im Wiederaufnahmeverfahren zur gerechten Strafe verurteilt zu werden.

Es ist also unbedingt notwendig, daß im Strafverfahren ein *Sachverständiger* vernommen wird und daß dieser Sachverständige ein *Arzt* ist. Eine Forderung, so selbstverständlich, daß anscheinend darüber kein Wort zu verlieren ist! Und doch habe ich es erlebt, daß der Leiter einer Erziehungsanstalt, ein Geistlicher, als Gutachter in einem Entmündigungsverfahren vom Amtsrichter vernommen und gehört wurde, ja sogar ein schriftliches Gutachten erstattete. Nicht einmal, sondern wiederholt; war er doch ein für allemal als Sachverständiger vereidigt! Der Amtsrichter konnte sich mit formaler Berechtigung darauf berufen, daß er in der Wahl des Sachverständigen (§ 404 Z.P.O.) völlig frei ist. Das trifft zu, da die Zivilprozeßordnung von einem Sachverständigen schlechtweg spricht. Daher bedarf es bei einer Neuordnung der Z.P.O. und der St.P.O. an den entsprechenden Stellen der Hinzufügung des Beiwortes „ärztlich“.

Bei der so außerordentlich weitgehenden Bedeutung, die der Verwahrung zukommt, erscheint es wünschenswert, daß ein *Facharzt* vor der Anordnung der Verwahrung gehört wird. Indes halte ich es nicht für notwendig, daß in der Str.P.O. grundsätzlich die Anhörung eines Psychiaters verlangt wird. Nicht sowohl deshalb, weil es schwer sein dürfte, im Einzelfall zu entscheiden, ob der Sachverständige ein Facharzt ist — die Ansicht des Leipziger Verbandes oder vielmehr der Standesvereine über die Berechtigung, sich Facharzt nennen zu dürfen, würde sicher auch hier Beachtung verdienen —, als vielmehr deshalb, weil jedes Gericht schon ohnehin Wert darauf legen wird, gerade einen Irrenarzt zu hören.

Freilich bestände selbst dann, wenn der Anordnung einer Verwahrung die Vernehmung eines Arztes vorhergehen muß, die Möglichkeit, daß jemand zur Verwahrung verurteilt wird, wiewohl ihn der Sachverständige für gesund hält; und so käme es trotz Einschaltung einer ärztlichen Begutachtung zu dem schon oben (S. 225) erwähnten Mißstand. Dieser Gefahr könnte man gewiß durch eine Bestimmung vorbeugen, die eine Verwahrung nur in Übereinstimmung mit dem ärztlichen Gutachten zuläßt. Ich kann aber ein solches Verfahren nicht billigen. Es würde dem Grundsatz der richterlichen Freiheit, an dem nicht gerüttelt werden darf, widersprechen. Der Sachverständige ist eben doch nur der Gehilfe des Richters, und die Anordnung der Verwahrung ist eine Maßnahme, über die eine Entscheidung sicher nur dem Richter zugebilligt werden kann. Ein Ausweg läßt sich vielleicht dadurch schaffen, daß in erster Linie der Berufsrichter über die Verwahrung entscheidet oder, falls ein gemischtes Gericht in Betracht kommt, jedenfalls ein solches, in dem der Berufsrichter — und nicht nur zahlenmäßig! — überwiegt. Es läßt sich nicht verkennen, daß Laien, die übrigens eher Simulation als Geisteskrankheit annehmen, leichter der Gefahr unterliegen, aus gefühlsmäßigen Erwägungen heraus eine Verwahrung für angezeigt zu halten; vor allem, wenn sie glauben, damit eine zeitlich nicht beschränkte Sicherung der Gesellschaft zu ermöglichen.

Dem *Sachverständigen* fällt somit keine leichte *Aufgabe* zu. Er muß nicht nur über die frühere Bedeutung einer Geistesstörung urteilen, sondern auch die Zukunft berücksichtigen, eine Prognose stellen, aber nicht eine Prognose schlechtweg, sondern eine *qualifizierte Prognose*; eine Aufgabe, wie er sie auch gegenüber dem § 6 Z. 1 und 1569 B.G.B. zu lösen hat. Hier muß er sich darüber auslassen, ob die Rechtssicherheit durch die Geistesstörung in Zukunft gefährdet wird, und zwar derart, daß die Anstaltsverwahrung berechtigt und geboten erscheint.

Ich überlasse es den Juristen, zu entscheiden, ob es notwendig ist, durch eine besondere prozessuale Vorschrift den Richter anzuweisen, in jedem Falle von Z.r.u.f.k. die Verwahrungsbedürftigkeit zu prüfen. Der Sachverständige hat jedenfalls gegenüber den Angeklagten, deren geistige Gesundheit in Zweifel gezogen wird, nicht nur die Frage der Z.r.f.k., sondern auch die der Verhandlungsfähigkeit und dann die der Verwahrungsbedürftigkeit zu prüfen.

Es darf natürlich nicht verlangt werden, daß der zu Verwahrende in derselben Richtung kriminell wird wie bisher; die *Gefahr eines erneuten Rechtsbruchs schlechtweg* genügt.

Verhältnismäßig leicht kann die Beurteilung sein bei chronischen Störungen sowie gegenüber stationären Prozessen, schwieriger bei periodischen Psychosen und vor allem in den Fällen, in denen eine Störung nur hin und wieder, vielleicht erst auf einen äußeren Anlaß hin, auftritt. Ich denke vor allem an epileptische Dämmerzustände. Ich brauche gar nicht hervorzuheben, daß hier die Schwere der verbrecherischen Handlung von entscheidender Bedeutung sein kann. Einem Manne gegenüber, wie T., der zweimal in einem epileptischen Dämmerzustande je zwei Kinder in der scheußlichsten Weise umgebracht hat, erscheint mir keine Maßnahme im Hinblick auf die berechtigte Forderung der Gesellschaft, vor einem derartigen „Scheusal" geschützt zu werden, zu scharf, auch wenn die Dämmerzustände bei ihm nur ganz vereinzelt auftreten.

Es bedarf also einer streng individualisierenden Beurteilung. Nicht nur in psychiatrischer Beziehung, sondern auch mit Berücksichtigung des bisherigen Lebensgangs und nicht zuletzt der Eigenart der Tat (vgl. § 37 I des österreichischen Entwurfs).

Was den *Zeitpunkt* des Beginns der Verwahrung angeht, so besteht nach dem Wortlaut des § 88 kein Zweifel, daß diese jedenfalls dann sofort ausgeführt werden soll, wenn das *Urteil rechtskräftig* geworden ist. Entsprechend § 133 III könnte man daran denken, in geeigneten Fällen dem Gericht schon vor der Verhandlung die Berechtigung zuzuweisen, eine *vorläufige Anordnung* der Verwahrung zu treffen. Natürlich nur vorläufig, und nur dann, wenn die besonders gesellschaftsfeindliche Gesinnung des Geisteskranken eine sofortige sachgemäße Sicherung notwendig erscheinen läßt. Die endgültige Entscheidung würde das Gericht mit seinem Urteil treffen.

Andererseits kann es in einzelnen Fällen genügen, die *Verwahrung* nur *bedingt* anzuordnen, wie ich es schon vor mehr als einem Jahrzehnt vorgeschlagen habe. Sieht der E. ausdrücklich eine bedingte Strafaussetzung vor, so ist nicht einzusehen, warum nicht ein ähnliches Vorgehen auch bei sichernden Maßnahmen angängig sein sollte; um so weniger, als der E. sich grundsätzlich mit ihr dann einverstanden erklärt hat, wenn im Falle der vm. Z.r.f.k. auf Strafe erkannt ist, der Verurteilte aber vorläufig aus der Strafhaft entlassen ist (§ 89 II 2, 93 II).

Die Bewährungsfrist müßte eine gewisse Dauer haben, etwa 5 Jahre. Nach deren Verlauf wäre es Sache des Strafrichters, die nur bedingungsweise verhängte Maßnahme als erledigt anzusprechen. Bewährt sich innerhalb dieser Frist der Verurteilte nicht, so kann, ohne daß das Gericht erneut in Tätigkeit tritt, die Verwahrung vollzogen werden, sofern an seiner Rückfälligkeit nicht fremdes Verschulden, etwa Notlage infolge aufgezwungenen Streiks, Schuld ist.

Auch die Bewilligung der Strafaussetzung stellt ein Experiment dar, über dessen Ausfall im voraus kein Mensch etwas Sicheres sagen kann. So auch hier. Gewiß sind die Voraussetzungen einer Verwahrung sowohl vom psychiatrischen Standpunkt aus wie im Hinblick auf das Wohl der Gesellschaft gegeben. Und dennoch kann es im Einzelfall — nicht nur im geldlichen Interesse — zweckmäßig, fast geboten erscheinen, zu versuchen, von dem Vollzug der Verwahrung abzusehen, um dem Verurteilten Gelegenheit zu geben, in einer nur durch den Zwang einer verständigen Schutzaufsicht eingeengten Freiheit sich zu bewähren. Verstößt der Verurteilte nicht gegen die Gebote einer sozialen Ordnung, so hat der Strafrichter kein Interesse an der Anstaltsbehandlung, mag diese auch aus ärztlichen Gründen angebracht erscheinen. Natürlich müssen die Fälle, die sich für einen solchen Versuch eignen, sehr sorgfältig und selbstverständlich nach Anhörung des Sachverständigen ausgesucht werden. Für die Geisteskranken im engeren Sinne wird diese Neuerung weniger in Betracht kommen, eher für die vm. Z.r.f. und vor allem die Trunksüchtigen. Gerade bei diesen kann die Aussicht, beim geringsten Verstoß auf eine im voraus nicht absehbare Zeit einer Anstalt übergeben zu werden, der wirksamste Ansporn sein, die Gesetze zu achten.

Was den *Ort* der Verwahrung angeht, so handelt es sich hier um Z.r.u.f.; diese sind Kranke und gehören also zweifellos in eine Krankenanstalt. Dem Standpunkt des E., sie in einer *Heil-* oder *Pflegeanstalt* zu verwahren, kann man nur zustimmen, da sie hier die besten Vorbedingungen zu einer sachgemäßen Behandlung oder gar Heilung finden.

Wenn aber der E. ebenso wie der V.E. (§ 65 I 1) nur *öffentliche* Heil- oder Pflegeanstalten — also nicht nur staatliche, sondern auch provinziale und kommunale — zuläßt und mit Rücksicht auf das Wesen der sichernden Maßnahmen „als einer staatlichen Fürsorge“ (vgl. Denkschrift S. 89) *Privatanstalten* ausschließt, muß auch hier, ebenso wie bei der Kritik des V. E., der Einwand erhoben werden, daß diese Einschränkung zu engherzig ist. Natürlich müßten die Privatanstalten, die für die Verwahrung in Anspruch genommen werden, eine ebenso große Sicherheit für die sachgemäße Behandlung und Verwahrung bieten wie die öffentlichen Anstalten, müßten somit einer schärferen staatlichen Aufsicht unterstellt werden, als ihnen ohnehin zuteil wird. Dann aber bestehen meines Erachtens keine Bedenken. Lediglich mit Rücksicht auf das Rechtsbewußtsein des Volkes den Begüterten die Vorzüge der Verwahrung in Privatanstalten vorzuenthalten, scheint mir nicht gerechtfertigt. Ein derartiges Vorgehen läßt fast den Gedanken an eine Strafe auftauchen! Den Privatanstalten wird freilich kaum daran gelegen sein, für die Verwahrung in Anspruch genommen zu werden; eine Reklame bedeutet das doch kaum. Es darf nicht übersehen werden, daß in der heutigen Zeit die Privatanstalten einen außerordentlich teuren Betrieb haben. Ihre Zahl nimmt immer mehr ab, weil nur wenige Kranke in der Lage sind, die hohen und immer noch weiter wachsenden Kosten zu zahlen. Insofern wird vielleicht für die Zukunft die Frage, ob nicht auch Privatanstalten für die Verwahrung zugelassen werden können, von nur geringer Bedeutung sein; für sie kämen ja fast nur Schieber und Wucherer in Betracht; und ist gerade bei ihnen, die zweifellos zu den gesellschaftsfeindlichen Elementen gehören, die Z.r.f.k. aufgehoben?

Auf die Frage, ob man *besondere*, nur für die zur Verwahrung verurteilten Kranken bestimmte *Anstalten* errichten soll, will ich hier nicht eingehen. So berechtigt es erscheinen mag, die Gefühle derer zu schonen, die Wert darauf legen, daß sie selbst oder ihre Angehörigen nicht dieselben Räume mit Rechtsbrechern teilen, die finanzielle Lage unseres Staates verbietet es für geraume Zeit, derartigen Erwägungen nachzugehen. Die Errichtung besonderer *Verwahrungshäuser* für die Unterbringung solcher Kranken, die gewalttätig oder schwer zu beaufsichtigen sind, empfiehlt sich dringend. Im allgemeinen wird es genügen, für einen größeren Bezirk, etwa für eine Provinz, im Anschluß an eine Heil- und Pflegeanstalt ein derartiges Verwahrungshaus zu errichten. Auf die guten Erfahrungen, die wir hier in Göttingen mit dem seit 1909 benutzten Verwahrungshaus gemacht haben, möchte ich bei dieser Gelegenheit mit besonderem Nachdruck hinweisen.

Der E. bestimmt ebensowenig wie der V. E., wer die Anstalt *auszuwählen* hat. Ich bin damit einverstanden, daß diese Aufgabe der Polizeibehörde zufällt.

Für die *Dauer* der Verwahrung sind die *Voraussetzungen* maßgebend, *die zu ihrer Verhängung* geführt haben. Der E. trifft darüber keine Bestimmungen, während er in § 94 I, 1 ausdrücklich die Entlassung des Trunksüchtigen aus der Trinkerheilanstalt vorschreibt, „sobald der Zweck der Maßregel erreicht ist". Auch § 6 II B.G.B. bestimmt: „Die Entmündigung ist wiederaufzuheben, wenn der Grund der Entmündigung wegfällt". Ich stelle es dem Gesetzgeber anheim, zu erwägen, ob es sich nicht empfiehlt, ausdrücklich vorzuschreiben, daß die sichernden Maßnahmen aufhören oder durch mildere ersetzt werden müssen, sofern die Rechtssicherheit dies gestattet.

Ist der Verwahrte *genesen*, so muß er entlassen werden; denn damit fällt die psychiatrisch bedingte Gefährdung der Rechtssicherheit unter allen Umständen weg. Wird der Entlassene dann rückfällig, so ist er eben verantwortlich zu machen. Aber es bedarf nicht der Heilung der Psychose. Es genügt schon eine *Besserung*, die derart ist, daß mit kriminellen Handlungen nicht mehr zu rechnen ist. Daraus ergibt sich, daß eine Entlassung selbst dann in Frage gezogen werden kann, wenn der psychische Zustand des Verwahrten sich nicht im geringsten gebessert hat, wohl aber seine häuslichen Verhältnisse sich so geändert haben, daß er unbesorgt entlassen werden kann. Ist der Verblödungsprozeß so weit vorgeschritten, daß der Kranke zu antisozialem Handeln unfähig ist, so kann gleichfalls eine Entlassung in Frage kommen; bedarf er aber noch weiterhin der Anstaltspflege, so muß die Verwaltungsbehörde diese mittels eines besondern Aufnahmeverfahrens herbeiführen. Für diesen Standpunkt sind gewiß nicht nur formale Erwägungen, sondern auch die Rücksichten auf die berechtigten Gefühle der Angehörigen maßgebend, die ausdrücklich eine Aufhebung der Verwahrung verlangen können, selbst wenn der Kranke weiter in denselben Räumen verbleibt.

Die Dauer der einzelnen Formen von Geistesstörungen ist ungemein verschieden. Selbst im Einzelfall läßt sich oft die Dauer nicht im voraus, nicht einmal annähernd, abschätzen. Mit Recht hat daher der Gesetzgeber darauf verzichtet, zahlenmäßig den Zeitpunkt anzugeben, zu dem spätestens die Entlassung erfolgen muß. Mit andern Worten, die Verwahrung ist von *unbestimmter Dauer*. Gerade hierdurch unterscheidet sich die sichernde Maßnahme von der Strafe, die zeitlich begrenzt ist. Ein Gefühl der Rechtsunsicherheit würde aber mit Recht aufkommen, wollte man dem Verwahrten nicht das Recht der Beschwerde oder des Einspruchs einräumen. Ich werde darauf noch unten eingehen.

Der E. trifft hinsichtlich der *Entlassung* nur *zwei Bestimmungen*.

Einmal sagt § 90 I: „Über die Entlassung bestimmt die Landespolizeibehörde". Gegen diese Bestimmung, nach der die *Polizeibehörde* über die Entlassung entscheiden soll, erhebe ich den schärfsten Einspruch. Denn würde man ihr das Recht einräumen, nach eigenem Ermessen die Entlassung zu verfügen, so würde sie in der Lage sein, jeden Augenblick die vom Gericht getroffene Anordnung der Verwahrung aufzuheben. Es bestände somit die Gefahr, daß auf Umwegen wieder die Mißstände sich einschleichen könnten, die der E. gerade damit, daß er ausdrücklich dem Richter und nur ihm die Anordnung der Verwahrung zuwies, beseitigen wollte; vor allem, nachdem der E. die im V. E § 65 III 3 vorgesehene gerichtliche Entscheidung gegen die Bestimmung der Polizeibehörde gestrichen hat. Auf Grund mancher Erfahrungen muß ich die Befürchtung hegen, daß geldliche Erwägungen die Rücksicht auf die Gesellschaft zurücktreten lassen könnten.

Diese Bestimmung ist somit zu streichen. Welche Behörde ich für die Frage der Entlassung als zuständig ansehen möchte, werde ich später auseinandersetzen.

Weiter bestimmt § 90 II: „Eine Fortdauer der Verwahrung über zwei Jahre hinaus kann nur das Gericht anordnen. Ordnet es die Fortdauer an, so bestimmt es zugleich, wann seine Entscheidung von neuem einzuholen ist".

Mithin muß die *Berechtigung* der *weiteren Verwahrung* jedenfalls dann *von neuem geprüft* werden, wenn sie *über zwei Jahre* gedauert hat; ist dann ihre Aufhebung nicht geboten, so muß gleichzeitig entschieden werden, zu welchem Zeitpunkt eine *neue Prüfung* stattfinden soll. Wenn der E. für die Festsetzung dieses Zeitpunkts keine bestimmte Anordnung trifft, so kann man sich damit durchaus einverstanden erklären; ebenso damit, daß nicht ausdrücklich regelmäßig wiederkehrende Prüfungen vorgeschrieben werden. Die Einzelfälle sind doch zu verschieden, als daß eine einheitliche Regelung vorgeschrieben werden könnte; und tritt eine erhebliche Besserung oder Genesung ein, so kann der Verwahrte durch seinen Einspruch eine Prüfung der Verwahrungsberechtigung herbeiführen.

Es ist nicht recht zu verstehen, warum der E. für einen bestimmten Zeitpunkt, nämlich nach Ablauf eines zweijährigen Aufenthalts in der Anstalt, eine Prüfung der Verwahrungsberechtigung durch das *Gericht* vorschreibt, nebenher aber ausdrücklich der *Polizeibehörde* die Befugnis zuspricht, den Verwahrten zu entlassen — offenbar auch nach dem zweijährigen Aufenthalt! — und auch dann noch zu jedem beliebigen Zeitpunkt, da der E. nicht ausdrücklich das Gegenteil vorschreibt! Zutreffend hebt die Denkschrift des E. (S. 85) hervor, es müsse auf Bedenken stoßen, dem Ermessen der Verwaltungsbehörde einen wesentlich weiteren Spielraum wenigstens dann einzuräumen, wenn es sich um Eingriffe in die Freiheit handele; „solche Eingriffe werden vielmehr zweckmäßig dem unabhängigen Gericht überlassen". Gewiß liegt kein Eingriff in die persönliche Freiheit des einzelnen vor, wenn die Polizeibehörde den Verwahrten entläßt. Aber ist nicht zum mindesten von derselben Bedeutung die Rücksichtnahme auf die Gesellschaft? Man kann sich des Eindrucks nicht erwehren, daß der E. hierbei die Rücksichtnahme auf den Einzelnen im Vergleich zu dem Anspruch der Gesellschaft, vor gesellschaftsfeindlichen Handlungen bewahrt zu werden, überschätzt, wenn er die Entscheidung über die Entlassung zu einer selbständigen Befugnis einer Verwaltungsbehörde macht.

Daraus ergibt sich, wie *bedenklich* es ist, bei der Durchführung der Verwahrung *zwei verschiedenen* und zudem so verschiedenen *Behörden* eine Entscheidung einzuräumen. Dualität tut niemals gut. Das einzig Richtige ist meines Erachtens, diese zu beseitigen. *Nur ein Gericht* darf die *Verwahrung* anordnen, *nur ein Gericht* darf deren *Beendigung* herbeiführen.

Der E. weist die Aufgabe der Nachprüfung der Verwahrungsberechtigung „dem Gericht" zu, läßt sich aber nicht darüber aus, *welches Gericht* es mit dieser Aufgabe betraut wissen will.

Ein *Verwaltungsgericht* kommt meines Erachtens nicht in Betracht, weil es die in der Denkschrift ausdrücklich verlangte Unparteilichkeit — so wird wenigstens von Sachverständigen bekundet — nicht bietet.

Ein einheitliches Vorgehen im Deutschen Reiche würde so unmöglich gemacht, da keine gemeinsamen Vorschriften für die in den einzelnen Ländern verschiedenen Verwaltungsbehörden bestehen. Also kommt nur der *ordentliche Richter* in Betracht. Man kann an den Strafrichter denken, der die Verwahrung verhängt hat, und zur Stütze dieser Ansicht darauf hinweisen, daß gerade er sich auf Grund der Akteneinsicht, der Kenntnisnahme des psychiatrischen Gutachtens und der Verhandlung, also auf Grund der eigenen unmittelbaren Anschauung, ein zutreffendes Urteil über die Persönlichkeit des Verwahrten hat bilden können. Aber zwischen dem Zeitpunkt der Anordnung der Verwahrung und der Prüfung ihrer weiteren Berechtigung liegt ein längerer Zeitraum, 2 Jahre oder noch mehr. Die persönlichen Verhältnisse des Verwahrten können sich inzwischen erheblich geändert haben. Ob dieselben Persönlichkeiten noch die zuständigen Richter sind, ist mehr als fraglich. Die Verwahrungsanstalt liegt räumlich weit entfernt von dem Orte des Strafrichters, und die persönliche Vernehmung des Verwahrten, auf die ich den größten Wert lege, ist mit Schwierigkeiten und erheblichen Kosten — man denke an die hohen Fahrpreise, die immerzu noch zu steigen drohen; eine Begleitung des Verwahrten ist unerläßlich notwendig! — verbunden. Aus allen diesen Gründen heraus möchte ich vorschlagen, das *Amtsgericht,* das für den Ort der Irrenanstalt *zuständig* ist, mit dieser Aufgabe zu betrauen; als höhere Instanz käme das Landgericht, wollte man noch eine dritte Instanz, das Oberlandesgericht in Betracht.

Damit greife ich meine früheren Vorschläge auf, die ich machte, als ich im Auftrage der juristischen Kommission des Deutschen Vereins für Psychiatrie die Frage beantworten sollte: „Wie ist das in § 65 des V. E. in Aussicht genommene Verfahren (Absatz III „gerichtliche Entscheidung") bei Verwahrung und Entlassung zu gestalten?" Ich habe damals ein *Sicherungsverfahren* vorgeschlagen und ausdrücklich hervorgehoben, daß ich mit ihm auch dem Verwahrten selbst die Möglichkeit bieten wollte, von sich aus — also auch unabhängig von der im E. getroffenen Bestimmung des § 90 II — eine Nachprüfung der Berechtigung seiner Verwahrung zu verlangen. Wegen der Einzelheiten des Verfahrens kann ich auf meine früheren Ausführungen Bezug nehmen. Ich hebe noch hervor, daß es nur der Form nach dem Entmündigungsverfahren nachgebildet ist, mit dem es sonst nichts gemein hat.

Vor den Entscheidungen, jedenfalls vor der ersten Entscheidung, ist der Verwahrte zu vernehmen. Keine, auch keine ablehnende Entscheidung darf getroffen werden, ohne daß ein Sachverständiger zuvor gehört ist. Als Sachverständiger ist stets der (oder ein) Anstaltsarzt zu hören. Dem Staatsanwalt ist im Sicherungsverfahren dieselbe Rolle eingeräumt wie im Entmündigungsverfahren. Der Verwahrte kann sich durch einen Anwalt vertreten lassen, ohne daß ein Anwaltszwang besteht. Nicht nur der gesetzliche Vertreter des Verwahrten, auch der Staatsanwalt und vor allem der Anstaltsarzt — jetzt auch der mit der Schutzaufsicht betraute Fürsorger, sofern nicht, wie ich früher vorgeschlagen habe, jedem Verwahrten ex officio ein Fürsorger bestellt wird — hat das Recht, Anträge zu stellen. Die Anstalt ist verpflichtet, alle die Entlassung begehrenden Eingaben des Verwahrten abzusenden, kann aber unter besonderen Voraussetzungen vom Gericht ermächtigt werden, sie in bestimmten größeren Zeiträumen abzusenden. Die Kostenfrage muß so geregelt werden, daß sie die Durchführung des Sicherungsverfahrens nicht erschwert. Das sind die wichtigsten Vorschläge, die ich damals gemacht habe.

In meinen verschiedenen Arbeiten über die Aufgaben eines *Irrenrechts* nahm einen großen Platz auch die Besprechung des Problems ein, welche *Sicherung gegen ungerechtfertigte Unterbringung in einer Anstalt* getroffen werden muß. Ich schlug vor, die Kontrolle hierüber einer *Sicherungsbehörde* zu übertragen, und zwar *derselben* Behörde, die auch die Berechtigung der gerichtlich angeordneten Verwahrung krimineller Geisteskranker fortdauernd zu prüfen hat. Handelt es sich doch hier im Grunde um die Lösung ganz ähnlicher Fragen. Ich finde keinen Nachteil darin, wenn hieraus dem für die Anstalt zuständigen Amtsgericht, dem hiermit ein neuer und wichtiger Aufgabenkreis zugewiesen wird, eine große Arbeit erwächst. Im Gegenteil, es wird dank seiner großen Erfahrungen die Aufgaben nur noch besser lösen können. Vor allem dann, wenn auch, entsprechend früheren Vorschlägen von mir, die Möglichkeit einer Überweisung des Entmündigungsverfahrens nach § 650 Z.P.O. sehr viel häufiger angewandt wird als bisher, und wenn, was von nicht geringer Bedeutung ist, nur ältere, erfahrene Richter, nicht aber in der Ausbildung begriffene Referendare, mit der für die Entscheidung der Frage maßgebenden Vernehmung des in der Anstalt Internierten betraut werden.

Es ist damit zu rechnen, daß uns in absehbarer Zeit ein *Irrenrecht* beschert wird, sei es von seiten des Reichs, sei es von Preußen. Ich halte es für dringend notwendig, daß in diesem Irrenrecht auch die Forderungen, die der E. an die praktische Irrenpflege stellen wird, eingehend berücksichtigt werden, und eben aus diesem Grunde halte ich ein *Reichsirrengesetz* für erforderlich. Der Zeitpunkt ist außerordentlich günstig; besteht doch jetzt die Möglichkeit, alle einschlägigen Fragen klar, einheitlich und, wie ich hoffen darf, auch befriedigend zu lösen.

Mir ist bekannt, daß man mehrgliedrige Kommissionen, etwa aus Richtern, aus Laien (sogenannte Vertrauenspersonen) und vielleicht auch aus Ärzten, vorgeschlagen hat, um die Insassen der Irrenanstalten gegen ungerechtfertigte Anstaltsunterbringung zu sichern. Ich habe andernorts meine Bedenken gegen ein derartiges Vorgehen dargelegt und auseinandergesetzt, warum der judex loci den Vorzug verdient. Dasselbe gilt auch hinsichtlich der Überwachung der zur Verwahrung auf gerichtlichen Beschluß in die Irrenanstalt eingewiesenen Personen.

Aus meinen obigen Ausführungen ergibt sich zur Genüge die Rolle, die ich dem *Sachverständigen* in dem für die Prüfung der Verwahrungsberechtigung bestimmten Verfahren zuweise. Auch diese Aufgabe ist gewiß nicht leicht zu lösen, besonders dann nicht, wenn der Vorschlag, den meines Wissens seinerzeit die konservative Monatsschrift machte, verwirklicht werden sollte, nämlich der, daß die Ärzte sich persönlich für den Eingesperrten und seine Gesundheit verbürgen sollten. Abgesehen davon, daß nur der Richter, nicht der Arzt, über die Entlassung entscheiden kann, würde vermutlich jeder Arzt sich weigern, unter solchen Bedingungen ein Gutachten zu erstatten. Und würden dann sich noch Ärzte finden, die an Verwahrungshäusern tätig sind, auch wenn sie noch so gut bezahlt würden? Die Mitwirkung des Sachverständigen bei der Entlassung aus der Verwahrung halte ich für so wichtig, daß diese meines Erachtens nicht erfolgen dürfte, bevor ein Sachverständiger gehört wird. Aber sein Gutachten darf nicht bindend für den Richter sein. Die Entscheidung muß in letzter Instanz eben doch der Richter treffen. Abgesehen von rechtlichen Erwägungen hier auch aus dem Grunde, weil der Richter vielfach besser als der Sachverständige in der Lage ist, sich auf Grund seiner Erkundigungen ein Urteil über die Verhältnisse zu bilden, in die der Verwahrte entlassen werden soll.

Die Schwierigkeit der von dem Sachverständigen zu lösenden Aufgabe liegt besonders darin, daß der Verwahrte, solange er in der Anstalt untergebracht ist, nicht im geringsten beweisen kann, daß er seine Freilassung nicht mißbrauchen wird. Die Entlassung, die für den Verwahrten eine völlige Veränderung der Verhältnisse bedeutet, stellt somit immer ein Experiment dar, über dessen Ausfall, sofern die Psychose nicht geheilt ist, kein Mensch etwas Sicheres sagen kann. Diese Erwägungen legen den Gedanken nahe, entsprechend dem *progressiven* Strafvollzug auch dem Verwahrten im Laufe der Zeit *zunehmend größere Erleichterungen* entsprechend seinem Verhalten einzuräumen, um ihn so allmählich an ein Leben in völliger Freiheit zu gewöhnen. Vor allem aber sollte, sofern nicht mit Sicherheit die Heilung der Psychose festgestellt werden kann, die Beendigung der Verwahrung nicht sofort eine endgültige sein. Der Verwahrte soll vielmehr *nur widerruflich entlassen* werden, und erst dann, wenn der Entlassene während einer bestimmten, vom Gericht je nach der Lage des Einzelfalls festzusetzenden Zeit sich in der Freiheit bewährt hat, endgültig entlassen werden. Andernfalls kann er sofort wieder der Verwahrungsanstalt übergeben werden, ohne daß das Gericht erneut in Tätigkeit zu treten braucht. Es bedürfte somit zur Wiederaufnahme des Verwahrten nicht eines Verstoßes, der den Strafrichter beschäftigt, wenn auch zwischen der Schwere seines gesellschaftswidrigen Handelns und der Erheblichkeit des Eingriffs, die die Fortsetzung der Verwahrung doch immerhin bedeutet, kein Mißverhältnis bestehen darf. Unter allen Umständen soll der Verwahrte für die Zeit der bedingten Entlassung aus der Verwahrungsanstalt unter *Schutzaufsicht* gestellt werden. Gerade für diesen Zeitraum bedarf meines Erachtens der Geisteskranke in erster Linie einer staatlichen Fürsorge, die sich auch darauf erstreckt, ihn vor der Begehung weiterer krimineller Handlungen zu bewahren. Meine Vorschläge lassen sich, des bin ich sicher, leicht verwirklichen. Den Geisteskranken vor ihrer Entlassung aus der Irrenanstalt, die tunlichst stets eine versuchsweise sein soll, zunehmend größere Freiheiten einzuräumen, hat sich auf das beste bewährt. Warum sollen wir nicht ebenso bei den Kranken vorgehen, die auf richterliche Anordnung in einer Irrenanstalt verwahrt werden? Im Prinzip ist nach den Erfahrungen in den Irrenanstalten m. E. die Lösbarkeit des Problems des progressiven Strafvollzuges erwiesen.

Als ich seinerzeit den § 65 des V. E. einer Besprechung unterzog, vermißte ich in dem V. E. eine Bestimmung, die den zu bestrafen gestattet, der den auf gerichtliche Anordnung Verwahrten aus der Anstalt *befreit*. Von einem Gefangenen im Sinne des § 129 des V. E. kann man dem Verwahrten gegenüber doch nicht sprechen. Diese Lücke, die übrigens auch von andern, wie *Vocke*, empfunden wird, füllt § 193 E. aus, der sagt, „Wer außer den Fällen des § 191 (dieser betrifft Gefangene) jemanden, der auf behördliche Anordnung in einer Anstalt verwahrt wird, aus der Verwahrung befreit oder sein Entweichen fördert, wird mit Gefängnis bis zu zwei Jahren oder mit Geldstrafe betraft.

Der Versuch ist strafbar.“

2. Vermindert Zurechnungsfähige.

Der E. sieht, wie für die Z.r.u.f., so auch für die vm. Z.r.f. eine *Verwahrung* vor. In vielen Punkten treffen meine Ausführungen über die Verwahrung Z.r.u.f. auch für die Verwahrung vm. Z.r.f. zu. In folgendem hebe ich im wesentlichen nur das hervor, was für die letzteren allein in Betracht kommt.

Über den Begriff der vm. Z.r.f.k. (vgl. S. 19ff.) brauche ich mich an dieser Stelle nicht auszulassen. Natürlich muß die *vm. Z.r.f.k.*, die zur Verwahrung berechtigt, nicht nur *zur Zeit der Begehung der strafbaren Handlung* vorgelegen haben, sondern auch noch darüber hinaus. Die Denkschrift berücksichtigt (S. 59) zwar die Möglichkeit, daß der abnorme Zustand, der vom Standpunkt des Strafrichters aus als vm. Z.r.f.k. anzusprechen ist, erst nach der Tat, während des Verfahrens oder während der Strafvollstreckung eintritt. Aber nur im Hinblick auf den Strafvollzug. Dann soll nämlich gemäß § 52 E. entsprechend den veränderten Verhältnissen der Geisteszustand des Gefangenen berücksichtigt, und die Unterbringung in besonderen Anstalten oder Abteilungen in Erwägung gezogen werden. Der spätere Eintritt eines Zustandes im Sinne der vm. Z.r.f.k. ist aber für die Frage der Verwahrung ohne Bedeutung. Denn da der Richter sie anordnet, muß die vm. Z.r.f.k. zum mindesten schon *zur Zeit der richterlichen Entscheidung* vorliegen, sinngemäß aber auch, da diese zu der Straftat Stellung nehmen muß, bereits bei Begehung der strafbaren Handlung. Tritt die vm. Z.r.f.k. erst später auf, so braucht sie nicht unbedingt zu einer Behandlung in einer Irrenanstalt zu führen: Erscheint diese geboten, so ist es Sache der Verwaltungsbehörde, die Unterbringung in der Anstalt in die Wege zu leiten.

Der E. macht nach § 88 I die Verwahrung ausdrücklich davon abhängig, daß „jemand . . . . nach § 18 Abs. 2 als vermindert zurechnungsfähig verurteilt" wird. Wird das Wort *verurteilt* eng, d. h. nur in Verbindung mit der Verhängung einer Strafe aufgefaßt, so könnte man glauben, der E. wollte die Verwahrung eines vm. Z.r.f. dann für unzulässig erklären, wenn das Gericht von einer Strafe abgesehen hat. Diese letzte Möglichkeit ist nach § 111 III in Verbindung mit § 110 III 3, durchaus gegeben, wenngleich der E. grundsätzlich eine Strafe als Ahndung bei vm. Z.r.f. vorsieht. Aber von Strafe kann nur „in besonders leichten Fällen" abgesehen werden, und dann wird der Richter nur selten Anlaß haben, eine Verwahrung zu verhängen, die immerhin eine nicht unerhebliche Gefährdung der Rechtssicherheit zur Voraussetzung hat. Eine Lücke besteht somit nicht; und sollte wirklich einmal der Richter eine Verwahrung für angebracht halten, von der Strafe (oder deren Vollstreckung) aber absehen wollen, so kann er sich mit einem geringen Strafmaß begnügen, gleichzeitig aber bedingte Strafaussetzung (§ 63 E.) bewilligen.

Natürlich muß auch bei dem vm. Z.r.f. festgestellt sein, daß es eine im Sinne des Gesetzes strafbare Handlung ist, die X. begangen hat, und zwar in einem Zustande vm. Z.r.f.k., daß X. auch weiterhin in derselben geistigen Verfassung ist und dadurch die Rechtssicherheit gefährdet. An den Nachweis dieser Voraussetzungen ist die Anordnung der Verwahrung gebunden, sofern die mildere Maßnahme, die bloße Schutzaufsicht, nicht genügt. Ich brauche nicht zu wiederholen, welche prozessualen Forderungen sich daraus ergeben; und ebensowenig habe ich nochmals nötig, nachdrücklich auf die besondere Bedeutung hinzuweisen, die bei dem Verfahren dem Sachverständigen — ich betone, dem psychiatrisch vorgebildeten Arzt — zukommt. Ich bin der Ansicht, daß auch bei vm. Z.r.f.k. die einschneidende Maßnahme der Verwahrung ohne ärztliches Gutachten unzulässig sein sollte. Es wäre sicher zweckmäßig, wenn ein Sachverständiger schon über die Frage des Vorliegens oder Fehlens vm. Z.r.f.k. mit Rücksicht auf das Strafmaß vom Richter gehört würde oder werden müßte.

So freudig ich vom irrenärztlichen Standpunkt aus die gesetzlich verbürgte Berücksichtigung der vm. Z.r.f.k. begrüße, deren Einführung gerade wir Psychiater verlangt haben, so darf doch nicht verkannt werden, daß die *Schwierigkeit* der *psychiatrischen Begutachtung* damit gegen früher noch erheblich *zugenommen* hat. Während wir jetzt nur entscheiden müssen, ob Z.r.f.k. oder Z.r.u.f.k. vorliegt, müssen wir in Zukunft noch mit einer dritten Möglichkeit rechnen, also nicht zwei, sondern drei Klippen berücksichtigen. Aber gerade die Schwierigkeit einer zutreffenden Beurteilung des Geisteszustandes des Angeklagten läßt es mir dringend erwünscht oder gar notwendig erscheinen, nicht dem Richter allein, d. h. ohne Unterstützung durch einen Sachverständigen, die Entscheidung über Annahme oder Ausschluß vm. Z.r.f.k. zu überlassen, sofern die geistige Verfassung des Täters zu ernsten Bedenken Anlaß gibt. Es bestände sonst die Gefahr, daß eine zu häufige Annahme der schon heute vielfach bespöttelten „Minderwertigkeit" dazu führen könnte, die Neuerung der vm. Z.r.f.k. zu diskreditieren.

Der E. sieht als die Regel die Verhängung einer Strafe bei vm. Z.r.f.k. vor. Nur in besonderen Fällen, unter bestimmten Voraussetzungen, kann darüber hinaus auch die Verwahrung angeordnet werden. Es entspricht dem Wesen der vm. Z.r.f.k., daß *zuerst die Strafe* vollstreckt, und *dann* erst *die Verwahrung* ausgeführt wird. Die Verwahrung folgt somit der Strafe! Aber natürlich muß von der Verwahrung abgesehen werden können, wenn bereits während der Strafvollstreckung das mit der Verwahrung angestrebte Ziel erreicht ist, d. h. Heilung der geistigen Anomalie, die den Strafrichter zur Annahme einer vm. Z.r.f.k. veranlaßt hat, oder doch zum mindesten eine so erhebliche Besserung, daß eine Gefährdung der Rechtssicherheit nicht mehr zu befürchten ist. Diese Möglichkeit sieht der E. in § 89 II 2 vor. Aber er sagt nicht, welche Behörde darüber entscheidet. Folgt man den Ausführungen der Denkschrift (vgl. S. 89), so sollte man meinen, daß sie der Landespolizeibehörde diese Aufgabe zuweist. Ich müßte einer derartigen Bestimmung auf das bestimmteste widersprechen. Auch hier wäre zu befürchten, daß die Polizeibehörde gar zu leicht geneigt wäre, anzunehmen, die *Verwahrung* sei *durch den Strafvollzug überflüssig* geworden, um die vermutlich ihr zufallenden Kosten der Verwahrung zu ersparen. Aber auch aus rein rechtlichen Erwägungen halte ich die *Landespolizeibehörde* nicht für die geeignete Stelle. Man sollte die Entscheidung dem Strafrichter überlassen, und er sollte verpflichtet sein, zuvor nicht nur die Anstaltsleitung, sondern auch einen Sachverständigen zu hören. Der gegebene Sachverständige ist der Arzt der Anstalt, in der die Strafe vollstreckt wird. Er muß, soll er der schon ohnehin recht schwierigen und verantwortlichen

Aufgabe gerecht werden, psychiatrisch vorgebildet sein. Das verlangt sinngemäß schon § 52 E. Nicht nur, daß der Geisteszustand des als vm. z.r.f. Verurteilten während des Strafvollzugs berücksichtigt werden soll, muß die geistige Eigenart des Sträflings auch dann beachtet werden, wenn erst während der Strafvollstreckung vm. Z.r.f.k. eintritt. Nicht nur die Wahl einer der Eigenart der vm. Z.r.f. gerecht werdenden Behandlung setzt psychiatrisches Verständnis voraus, sondern schon und noch mehr deren rechtzeitige Erkennung.

Der E. zeigt allerorten das Bestreben, zu versuchen, von Freiheitsstrafen ganz oder teilweise abzusehen, soweit das mit dem Zwecke eines Strafrechts vereinbar ist. Der E. regelt die Frage der Verwahrung auch für solche Fälle.

Einmal kann das Gericht dem Verurteilten eine *bedingte Strafaussetzung* (§ 63) bewilligen, um ihm Gelegenheit zu geben, sich durch gute Führung während einer Probezeit Straferlaß zu verdienen. In einem solchen Falle soll die Verwahrung, sobald das Urteil rechtskräftig geworden ist, vollzogen werden (§ 89 III). Hiergegen ist nichts einzuwenden. Denn es ist dieselbe Behörde, der Strafrichter, der Strafe verhängt, der die bedingte Strafaussetzung bewilligt und Verwahrung anordnet. Nur mit guten Gründen wird der Strafrichter diese drei verschiedenen Maßnahmen gleichzeitig treffen. Wenn aber der E. weiter bestimmt, die *Zeit*, die der Verurteilte in der für die Verwahrung bestimmten *Anstalt* zugebracht hat, wird *auf die Probezeit angerechnet*, so kann ich mich mit dieser Bestimmung durchaus nicht einverstanden erklären. Sie zeugt meines Erachtens von einer völligen Verkennung der Bedeutung der bedingten Strafaussetzung! Wie kann man von der Möglichkeit einer Bewährung reden, wenn der, der diese Prüfung zu bestehen hat, sich in der Verwahrungsanstalt befindet? Fallen doch während einer solchen Unterbringung alle die Reize und Verlockungen weg, denen vor allem der Minderwertige in der Freiheit gar zu leicht erliegt. Der Anstaltsinsasse erhält seine tägliche Verpflegung, seine Lagerstätte, ohne daß er sich darum zu sorgen braucht; gerade daran aber scheitern sehr viele geistig Minderwertige, daß es ihnen unmöglich ist, durch einen geordneten Lebenswandel mit Meidung der Klippen und Gefahren des alltäglichen Lebens sich ihren Unterhalt zu verschaffen. Sie sind nicht krank genug, um erwarten oder gar beanspruchen zu können, auf Veranlassung und Kosten der Allgemeinheit versorgt zu werden. Darum muß die Bestimmung, daß der Aufenthalt in der Verwahrungsanstalt auf die Probezeit angerechnet werden kann, gestrichen werden. Eher könnte man schon daran denken, eine bedingte Strafaussetzung bei der Notwendigkeit einer Anstaltsverwahrung nicht zu bewilligen; doch will ich hierauf nicht näher eingehen. Der E. macht zur Rechtfertigung seines Standpunktes (S. 89) darauf aufmerksam, daß „Billigkeitsgründe“

die Anrechnung verlangen. Billigkeitsgründe! Gegenüber einem Menschen, der mit Rücksicht auf die durch ihn bedingte Gefährdung der Rechtssicheit der Verwahrung bedarf! Doch wirklich eine ungerechtfertigte, unangebrachte Milde.

Schließlich besteht noch die Möglichkeit, daß der Verurteilte *vorläufig aus der Strafhaft entlassen* wird. Dann soll er nicht mehr in der Heil- oder Pflegeanstalt untergebracht werden, wenn die Entlassung nicht widerrufen wird (§ 89 II 2). Durchaus einverstanden! Soll doch der Gefangene, der einen bestimmten Teil der Strafe abgesessen hat, nur dann vorläufig entlassen werden, „wenn er sich während der Strafverbüßung gut geführt hat und nach seiner Vergangenheit und seinen persönlichen Verhältnissen die Erwartung rechtfertigt, daß er sich künftig wohlverhalten werde" (§ 69 I). Erfüllt er diese Erwartung — und das erleichtert ihm der E. damit, daß die vorläufige Entlassung nur dann angeordnet werden darf, „wenn für den Gefangenen eine Arbeitsgelegenheit gesichert ist, die zu seinem Unterhalt ausreicht, oder wenn sonst für sein Unterkommen und seinen Unterhalt gesorgt ist" (§ 69 IV) —, so gefährdet er nicht mehr die Rechtssicherheit; dann aber fehlt es an der Berechtigung, die vom Gericht angeordnete Verwahrung auszuführen. Bedenklich erscheint es mir, daß die *oberste Justizaufsichtsbehörde* (§ 70) über die vorläufige Entlassung entscheiden soll. Warum nicht der Strafrichter! Meine Bedenken werden auch nicht durch die Bestimmung aus dem Wege geräumt, daß vor der Entscheidung über die Entlassung die Strafanstaltsleitung zu hören ist. Ich möchte in dieser Beziehung noch weitergehen und auch die Anhörung des Sachverständigen, also des Arztes der Strafanstalt, verlangen, jedenfalls dann, wenn das Gericht eine Verwahrung angeordnet hat. Wenn der E. dem Richter die Befugnis zuweist, eine bedingte Strafaussetzung zu bewilligen, so können doch nur formale Bedenken dazu führen, wenn nicht dem Richter, sondern der Aufsichtsbehörde die Entscheidung über die vorläufige Entlassung übertragen wird. Für die Entlassung sind die Verhältnisse, in die der Sträfling entlassen werden soll, von solcher Bedeutung, daß es mir nötig erscheint, alles zu vermeiden, was deren unzutreffende Beurteilung herbeiführen könnte. Rechtfertigt der vorläufig Entlassene nicht die auf ihn gesetzten Erwartungen, oder führt er, um den E. zu Worte kommen zu lassen, sich schlecht, oder handelt er den Pflichten zuwider, die ihm auferlegt worden sind (§ 71 I), so kann die oberste Justizbehörde — ich möchte an deren Stelle wieder den Strafrichter gesetzt wissen — die vorläufige Entlassung widerrufen, und damit trifft sie auch eine Entscheidung hinsichtlich der Verwahrung. Nach Verbüßung der Strafe tritt die Verwahrung in Kraft, sofern sie nicht durch die Beendigung des Strafvollzugs überflüssig geworden ist. Eine Frage, die jedesmal vor Ausführung der Verwahrung, wie ich immer wieder betonen muß, nach Anhörung des Sachverständigen, geprüft werden muß.

Von der *Schutzaufsicht* möchte ich gerade bei den vm. Z.r.f. einen sehr ausgiebigen Gebrauch machen, sowohl dann, wenn die Strafe bedingt ausgesetzt ist, wie auch dann, wenn der Verurteilte probeweise aus der Strafhaft entlassen wird; schließlich auch dann, wenn nach Vollstreckung der Strafe die Verwahrung sich als nicht mehr notwendig herausgestellt hat.

Soviel über den Zeitpunkt, in dem die Verwahrung der vm. Z.r.f. ausgeführt werden soll.

Was den *Ort* der Verwahrung angeht, so soll die Verwahrung in einer „öffentlichen Heil- oder Pflegeanstalt" (§ 88 I) stattfinden. Wenn der E. unter diesem Worte *Irrenanstalten* versteht, und auch die Denkschrift berechtigt nicht zu einem andern Schluß, so muß dieser Absicht von irrenärztlicher Seite auf das Bestimmteste widersprochen werden. Für den Sachverständigen bedarf die Berechtigung dieses Einspruchs gar keines Beweises. Ich darf darauf hinweisen, daß eine gleichlautende Bestimmung des V. E. (§ 65 I 1) mit seltener Einmütigkeit von allen Irrenärzten, die sich zu ihr äußerten, abgelehnt wurde. Irrenanstalten sind Krankenhäuser, die bestimmt sind zur Aufnahme von Geisteskranken, nicht nur zu ihrer Heilung oder Besserung, sondern auch, sofern eine solche ausgeschlossen ist, zu ihrer sachgemäßen Verpflegung. Sie sind aber nicht bestimmt zur Verwahrung von vm. Z.r.f. Gewiß sind auch diese krank im klinisch-wissenschaftlichen Sinne; aber im strafrechtlichen Sinne weichen sie so wenig von der Norm ab, daß der E. die Verhängung einer Strafe nicht nur zuläßt, sondern geradezu als die Regel vorschreibt. Mit diesem Standpunkt des E. stimmt auch die Ansicht der Allgemeinheit überein. Das Vorurteil gegen die Irrenanstalten ist aber auch heute noch so groß, daß wir alle Veranlassung haben, ihnen die minderwertigen und antisozialen Elemente fernzuhalten, die eben nicht in sie hineingehören. Nichts wäre geeigneter, das Mißtrauen gegen die Irrenanstalten zu vergrößern, als ein solches Vorgehen, das ohne weiteres den Laien dazu verleiten könnte, Geisteskrankheit mit Gemeingefährlichkeit zu verwechseln, in den Geisteskranken also nicht mehr Objekte ärztlicher Einwirkung zu sehen. Wichtiger als die Rücksichtnahme auf des Volkes Meinung sind aber die schon angedeuteten sachlichen Erwägungen. Der ungeheure Fortschritt der praktischen Irrenpflege liegt vor allem in der möglichst freien Behandlung der Geisteskranken. Mit dieser aber läßt sich eine Verwahrung der vm. z.r.f. Elemente nicht vereinigen; Elemente, die zwar nicht ausgesprochen krank, dafür aber vielfach um so mehr kriminell veranlagt sind. Der Betrieb einer Irrenanstalt mit ihrem schon ohnehin recht bunten Krankenmaterial würde durch die Notwendigkeit, auch diese minderwertigen Elemente zu beherbergen, zu verpflegen, vor allem auch zu beschäftigen, ganz außerordentlich erschwert, und die Verwahrung der vm. Z.r.f. in Irrenanstalten könnte dazu führen, den im engeren Sinne Kranken die Wohltaten einer zeit- und sachgemäßen Behandlung zu entziehen. Das würde nicht nur einen Stillstand, sondern geradezu einen Rückschritt in unseren Bestrebungen auf irrenärztlichem Gebiet bedeuten.

Strafanstalten scheiden für die Verwahrung naturgemäß aus. Nicht nur, weil es sich um eine sichernde Maßnahme handelt, die nicht in einer Strafanstalt vollstreckt werden kann, wenn man nicht jeden Unterschied zwischen Strafe und sichernder Maßnahme verwischen will, sondern auch deshalb, weil naturgemäß die Verwahrung zeitlich unbegrenzt sein muß, eine Strafe aber, wenn wirklich ihr Ende nicht abzusehen wäre, gerade den vm. Z.r.f. besonders schädigen könnte. Ebensowenig kommen aus den schon angegebenen Gründen Irrenanstalten in Betracht. Somit muß die Verwahrung in Anstalten stattfinden, die weder das eine noch das andere sind, mag man sie nun *Zwischen-* oder *Sonderanstalten*, oder sonstwie nennen.

Ich denke mir, daß diese Sonderanstalten unter die Leitung eines Psychiaters gestellt werden. Eine schärfere Aufsicht, eine ausgiebigere Gelegenheit zu nutzbringender Beschäftigung (Landwirtschaft, zeitgemäße Werkstätten), ein strengerer Arbeitszwang, als er in den Irrenanstalten üblich und zulässig ist, sowie der Eigenart der Insassen entsprechende bauliche Einrichtungen sind geboten. Aber alles das doch nur in dem Maße, daß den Verwahrten nicht Nachteile erwachsen, die vermieden werden können, ohne den Zweck der Verwahrung zu gefährden. Gerade dieser letzte Gesichtspunkt verdient berücksichtigt zu werden. Vor allem in Anbetracht der unbestimmten Dauer der Verwahrung, die schon ohnehin naturgemäß durch die mit ihr unlösbar verbundene Freiheitsentziehung oder doch zum mindesten -beschränkung sowie durch die Anstaltszucht eine gewisse seelische Schädigung in jedem Falle bedeutet.

An derartigen Anstalten fehlt es zur Zeit. Sie müßten also erst errichtet werden, und es wäre zu diesem Zweck notwendig, sich im voraus über ihre Größe klar zu werden, damit wir nicht wieder die unerfreulichen Überraschungen erleben, wie seinerzeit bei der Einführung der Fürsorgeerziehung. Freilich darf hierbei nicht übersehen werden, daß es sehr schwierig sein wird, im voraus die Zahl der minderwertigen Elemente, die einer Verwahrung bedürfen, zu berechnen, und die Schwierigkeit ist besonders groß, so lange nicht der endgültige Wortlaut der für die Annahme einer vm. Z.r.f.k. maßgebenden Bestimmung vorliegt.

Vom theoretischen Standpunkt werden diese Forderungen kaum Widerspruch erfahren. Aber es erhebt sich sofort das praktische Bedenken, ob dem Staat die zur Errichtung dieser Zwischenanstalten notwendigen Mittel zur Verfügung stehen; auch den günstigsten Fall vorausgesetzt, daß es gelingen sollte, ihren Betrieb so zu gestalten, daß keine nennenswerten Zuschüsse notwendig sind. Man kann es begreifen, daß angesichts der trostlosen Finanzlage wiederholt der Vorschlag geäußert wurde, man solle doch leerstehende Häuser der Irrenanstalten zu diesem Zweck benutzen. Die Mortalität in unseren Anstalten war während der Kriegszeit erschreckend groß; die Zahl der Aufnahmen sank erheblich. So erwiesen sich viele Anstalten als zu groß. Aber es wäre voreilig, wollte man hierbei übersehen, daß fast allerorts die Aufnahmen trotz der hohen Pflegekosten, nicht zuletzt dank der Zunahme des Alkoholmißbrauchs, sich wieder mehren; die Anstalten füllen sich bereits wieder, und die Errichtung neuer Anstalten wird wegen der ungeheuren Baukosten möglichst hinausgeschoben. Infolgedessen stellt sich überall das dringende Bedürfnis heraus, sämtliche vorhandenen Gebäulichkeiten tunlichst in den Dienst der eigentlichen Irrenpflege zu stellen. Aus diesen Gründen wird der so naheliegende Vorschlag, die nicht benutzten Gebäulichkeiten der Irrenanstalten für die Verwahrung vm. Z.r.f. zu verwerten, sich kaum verwirklichen lassen. Jedenfalls nicht in erheblicherem Umfange. Und doch handelt es sich hier um eine Aufgabe, die so sehr irrenärztlichen Charakter hat, daß in erster Linie der Psychiater zu ihrer Lösung berufen ist. Sofern daher nicht besondere Zwischenanstalten — vielleicht gemeinsam für mehrere Provinzen oder Länder und dann womöglich in Moorgegenden — errichtet werden, würde doch trotz der erheblichen Bedenken zu erwägen sein, ob nicht im Anschluß an Irrenanstalten, aber von ihnen räumlich möglichst getrennt, Adnexe gebaut werden, die der Verwahrung dienen. Ich bin der letzte, der diesem Vorschlage restlos zustimmt. Aber die Finanzlage zwingt mich, diesen Kompromißvorschlag — ich betone, gegen meine Überzeugung — zur Erörterung zu stellen. Eher könnte schon der Vorschlag Billigung finden, Arbeitshäuser — auch solche haben sich, wenigstens in der Provinz Hannover, geleert — zu verwerten, und dann vielleicht nicht nur zur Verwahrung der vm. Z.r.f. sondern auch der Z.r.u.f. und der Alkoholisten. Indes muß hierbei berücksichtigt werden, daß der E. die Zulässigkeit der Überweisung in ein Arbeitshaus gegenüber dem geltenden Recht erheblich erweitert; also an Platz wird es auch in Arbeitshäusern bald mangeln, wenn der Entwurf Gesetz werden sollte.

Von Bedeutung ist, wenigstens für Preußen, vielleicht auch noch die Frage, wem die *Durchführung* der *Verwahrung* zufällt, ob dem *Staat* oder den *Provinzen.* Was die Verwahrung der Z.r.u.f. angeht, so ist es sicher Aufgabe der Provinzialverwaltung, sie zu übernehmen. Ob dasselbe auch hinsichtlich der vm. Z.r.f. gilt, ist zum mindesten zweifelhaft. Schon aus geldlichen Gründen werden die Provinzen erhebliche

Bedenken äußern. Es wäre auch mehr als unbillig, wollte man ihnen neue, in ihrem Umfange heute noch gar nicht zu übersehende Aufgaben zuweisen, die mit erheblichen Ausgaben (Einrichtung der Anstalt, Zahl des Pflegepersonals!) verbunden sind, ohne daß ihnen eine entsprechende Entschädigung zuteil würde; doppelt unbillig heute, wo den Provinzen selbständige Einnahmequellen nur in geringem Maße zur Verfügung stehen. Und doch bin ich der Ansicht, daß auch die Verwahrung der vm. z.r.f. Elemente eine Angelegenheit ist, die andern von der Provinz zu lösenden Aufgaben so sehr ähnelt, daß mir auch die Übertragung der praktischen Ausführung der Verwahrung an die Provinzialverwaltungen aus dieser sachlichen Erwägung heraus dringend wünschenswert erscheint. Damit würde der oben von mir widerwillig gemachte Kompromißvorschlag aus verwaltungstechnischen Gründen erneute Berücksichtigung verdienen.

Eine zufriedenstellende Lösung der Frage, wo die vm. Z.r.f. zu verwahren sind, kann ich nicht geben; restlos befriedigend ist vielleicht überhaupt gerade dies Problem nicht zu lösen.

Die Verwahrung bezweckt einen Schutz der Gesellschaft vor den die öffentliche Sicherheit gefährdenden vm. Z.r.f. Ist mit dieser Gefahr nicht mehr zu rechnen, so muß die *Entlassung* aus der Anstalt erfolgen, ebenso wie bei den Z.r.u.f. Der E. trifft für beide Gruppen rechtsbrecherischer und geistig abnormer Individuen dieselben Vorschriften hinsichtlich der Entlassung; ich kann daher auf meine obigen kritischen Ausführungen (S. 70 ff.) Bezug nehmen. Ich schlage für beide Gruppen gemeinsam dasselbe *Sicherungsverfahren* vor. Die *Entlassung* aus der Verwahrungsanstalt sollte grundsätzlich *nur* eine *vorläufige* und *stets* mit der Stellung unter *Schutzaufsicht* verbundene sein. Gerade bei den vm. Z.r.f. sollte die Verwahrung einen *progressiven* Charakter zeigen. Auch hier empfehle ich dringend, die Möglichkeit einer *bedingten Verwahrung* vorzusehen. Eine Möglichkeit, die vielleicht schon grundsätzlich, wenn auch nicht ausdrücklich, der E. mit § 89 II 2 vorsieht. Praktisch käme sie freilich wohl nur für den Fall in Betracht, daß das Gericht auch auf bedingte Strafaussetzung erkannt hat; denn wird die Strafe vollstreckt, müßte immer wieder vor Ausführung der Verwahrung erneut ihre Notwendigkeit geprüft werden.

Wenn ich auch bereits wiederholt die Bedeutung der Tätigkeit der *psychiatrischen Sachverständigen* bei der strafrechtlichen Behandlung der vm. Z.r.f. hervorgehoben habe, so möchte ich diese Ausführungen nicht schließen, ohne nochmals nachdrücklich auf die nicht zu unterschätzenden Schwierigkeiten einer zutreffenden Beurteilung hinzuweisen. Bei dem auch praktisch gewiß oft nicht scharf zu fassenden Begriff der vm. Z.r.f.k. ist eine zutreffende psychiatrische Begutachtung noch schwieriger als bei den Z.r.u.f.

### *B) Schutzaufsicht.*

Die Schutzaufsicht stellt gegenüber der Verwahrung eine sehr viel mildere und weniger in die Bewegungsfreiheit des Einzelnen eingreifende Maßnahme dar. Um so weniger brauche ich an dieser Stelle genauer auf sie einzugehen, als ich mich andernorts (vgl. S. 17) bereits mit ihr befaßt habe. Wie sich aus meiner Stellungnahme zu der praktischen Ausführungen der Verwahrung ergibt, möchte ich von der Schutzaufsicht einen sehr viel ausgiebigeren Gebrauch machen, als der E. ahnen läßt. Es muß nur betont werden, daß die Frage, ob die Schutzaufsicht den Erwartungen entsprechen wird, die der E. auf sie setzt, im wesentlichen eine *Personalfrage* ist. Es kommt vor allem darauf an, ob es gelingt, geeignete Persönlichkeiten zu finden; und ob das gerade heute der Fall sein wird, muß füglich bezweifelt werden. Schon mit Rücksicht darauf, daß fast jeder gezwungen ist, gewinnbringender Arbeit nachzugehen, dem Staate aber reichliche Mittel für eine Entschädigung der Fürsorge nicht zur Verfügung stehen. Für größere Städte und Bezirke kommen Berufsfürsorger in Betracht, zumal ihnen auch die doch ungemein ähnliche Aufgabe der Fürsorge für nicht kriminelle Geisteskranke, mögen sie in Anstalten untergebracht sein oder nicht, zu übertragen ist. Was in erster Linie notwendig ist, das ist der Wegfall aller bureaukratischen Engherzigkeit und Beschränkung.

## II. Trunksucht und Trunkenheit.

### *A) Unterbringung in einer Trinkerheilanstalt.*

Mir ist, als ich zum erstenmal den § 92 des E. las, aufgefallen, daß der E. in ihm von einer ,,Unterbringung" in einer Trinkerheilanstalt spricht, gegenüber einer ,,Verwahrung" in einer Heil- oder Pflegeanstalt in § 88. Wägt man die beiden Ausdrücke *Unterbringung* und *Verwahrung* gegeneinander ab, so scheint mir wenigstens die Unterbringung eine mildere Maßregel auszudrücken als die Verwahrung. Ich finde weiter, daß bei dem Ausdruck Unterbringung der ärztliche Charakter, bei dem Ausdruck Verwahrung der strafrechtliche Charakter des Anstaltsaufenthalts, dort der Zweck der Besserung, hier die Absicht der Sicherung überwiegt. Der Gesetzgeber will anscheinend eine unterschiedliche Bezeichnung anwenden. Das geht vielleicht auch daraus hervor, daß § 93 eine entsprechende Anwendung nur hinsichtlich § 89 II und III, aber nicht I vorsieht; für diesen letzten Fall trifft vielmehr § 93 I eine besondere Anordnung, freilich auffallenderweise mit Angabe des Ortes, wo die Unterbringung erfolgen soll, was in § 89 I unterblieben ist. Es erscheint mir dann aber doch richtiger, bei Geisteskranken von einer Unterbringung, bei Trunksüchtigen von einer Verwahrung zu reden; wenn überhaupt ein Unterschied gemacht werden soll, verdienen die

Trunksüchtigen eine weniger milde Beurteilung. Der Einwand, daß die Bezeichnung Verwahrung eher an eine staatliche Maßnahme denken läßt, kann nicht durchschlagen, da ja von ihrer Anwendung bei der Behandlung Trunksüchtiger abgesehen worden ist. Ich halte es für das richtigste, in beiden Fällen, also sowohl bei den Z.r.u.f. und den vm. Z.r.f., wie bei Trunksüchtigen von einer Unterbringung zu reden, wie es die Denkschrift S. 90 tut, den Ausdruck Verwahrung aber für die Sicherung der Gesellschaft gegen gefährliche Gewohnheitsverbrecher im Sinne des § 100, ebenso auch für die Verwertung des Arbeitshauses zur Bekämpfung der Arbeitsscheu und Liederlichkeit (§ 95) zu reservieren.

Die Unterbringung in einer Trinkerheilanstalt ist nach § 92 E. an *drei Voraussetzungen* geknüpft: 1. Vorliegen von Trunksucht, 2. Bestrafung wegen einer in der Trunkenheit begangenen Straftat oder wegen sinnloser Trunkenheit, 3. Notwendigkeit, den Verurteilten an ein gesetzmäßiges und geordnetes Leben zu gewöhnen.

1. Unter *Trunksucht* versteht der V. E. (S. 160) in Übereinstimmung mit der Entscheidung des 4. Zivilsenats des Reichsgerichts vom 27. Okt. 1902 (Juristische Wochenschr. 1902 S. 280) einen durch fortgesetzten Alkoholmißbrauch erworbenen derartig krankhaften Hang zu übermäßigem Trinken, daß der Trinker die Kraft verloren hat, dem Anreize zu übermäßigem Genusse geistiger Getränke zu widerstehen. Nach dem V. E. ist somit für die Annahme der Trunksucht maßgebend ein unwiderstehlicher Drang. Um so weniger kann man es billigen, wenn die Einweisung in die Trinkerheilanstalt nach dem V. E. (§ 43 I 2) nur fakultativ („kann") verhängt werden darf, während der E. in richtiger Würdigung der Sachlage die Verhängung dieser Maßnahme, sofern die sonstigen Voraussetzungen erfüllt sind, nicht dem Ermessen des Richters überläßt („ordnet . . . . an").

*F. Leppmann* möchte den Ausdruck Trunksucht nach den mißlichen Erfahrungen, die man mit ihm im Entmündigungsverfahren gemacht hat, durch das Wort *Trunkfälligkeit* ersetzt wissen. Der Nachweis, daß der gewohnheitsmäßige Alkoholmißbrauch auf einem krankhaften Hang zum Alkoholgenuß beruht, ist unter Umständen schwer zu führen, und es besteht, falls man mit der Annahme eines derartigen Zustandes allzu ängstlich ist, die Gefahr, daß die Unterbringung in einer Heilanstalt zu spät oder gar nicht erfolgt. Es dürfte vielmehr schon genügen, wenn der Mißbrauch zur Gewohnheit geworden ist und zur Begehung einer strafbaren Handlung geführt hat. Trunksüchtige und Gewohnheitstrinker können in der Tat nicht scharf voneinander gesondert werden. Auch der V. E. zieht keine scharfe Grenze zwischen Trunksüchtigen und gewohnheitsmäßigen Trinkern; er gebraucht vielmehr diese beiden Bezeichnungen gleichwertig und stellt gerade die Gewohnheitstrinker den Gelegenheitstrinkern gegenüber; der E. spricht in der

Denkschrift schlechtweg von dem Trunk Verfallenen (S. 11). *Delbrück*, doch gewiß ein trefflicher Kenner der Schäden des Alkoholmißbrauchs, sagt ausdrücklich, daß zwischen Trunksüchtigen und Gewohnheitstrinkern fließende Übergänge bestehen. Es wird niemals gelingen, führt er weiter aus, trotz sorgfältig formulierter Gesetzesparagraphen, hier den grundsätzlichen Unterschied festzustellen. Mit einer anderen Begründung treten *Heimberger* und *Schmidt* für eine Beseitigung des Wortes Trunksucht ein. Sie tragen nämlich Bedenken, den Trunksüchtigen für ein in der Trunkenheit begangenes Delikt zu bestrafen, weil Trunksüchtige nach der Begründung des V. E. einen unwiderstehlichen Drang zum Trinken haben.

Alle diese Schwierigkeiten würden, sofern sie sich in der Praxis ernstlich geltend machten, fallen, wenn man nicht von einem Trunksüchtigen, sondern von einem *Trunkfälligen* oder besser noch von einem gewohnheitsmäßigen Trinker oder *Gewohnheitstrinker* spräche. Ich glaube nicht, daß diese letzte Ausdrucksweise zu einer mißbräuchlichen Anwendung des § 92 E. führen kann, da außer dem gewohnheitsmäßigen Alkoholmißbrauch auch noch andere Voraussetzungen gefordert werden, die erfüllt sein müssen, bevor der Richter die Unterbringung in einer Trinkerheilanstalt anordnen darf.

2. Der V. E. (§ 43 I 2) hatte die Verhängung dieser Maßnahme nur bei einer mindestens zweiwöchigen Gefängnis- oder Haftstrafe vorgesehen, sie also bei Zuchthaus nicht zugelassen, und zwar mit der uns Psychiater höchst eigenartig berührenden, fast wäre ich geneigt zu sagen, naiven Begründung (S. 160/161), daß bei einer längeren Strafe schon durch deren Vollzug eine Heilung erwartet werden kann, besonders wenn bei der Strafvollstreckung künftighin noch mehr, als es bereits der Fall ist, auf eine zweckentsprechende Behandlung der dem Trunke ergebenen Gefangenen Bedacht genommen wird. Dabei aber übersah der V. E., daß eine Gefängnisstrafe fünf Jahre betragen kann, eine Zuchthausstrafe aber nur ein Jahr zu dauern braucht! Abgesehen davon muß betont werden, daß der, der die Einweisung in eine Trinkerheilanstalt von einer Mindeststrafe abhängig macht, den grundsätzlichen Unterschied zwischen Strafe und sichernder Maßnahme vielleicht verkennt. Die Strafanstalt ist ihrem Wesen nach von der Trinkerheilanstalt so verschieden, daß man sie nicht auf eine Stufe stellen kann. Fehlt es doch dem zur Freiheitsstrafe Verurteilten bei der Unmöglichkeit, sich während der Strafvollstreckung geistige Getränke zu verschaffen, an Gelegenheit, sich zu bewähren. Der V. E. übersieht vor allem, daß der Insasse einer Trinkerheilanstalt sich in einer Umgebung befindet, die überall auf Abstinenz hinwirkt und zu einem alkoholfreien Leben erzieht. Wie wenige Strafvollzugsbeamte haben aber ein Verständnis und ein Interesse für die Alkoholfrage!

Richtiger geht schon der E. vor, wenn er die Unterbringung in einer Trinkerheilanstalt von einer *Bestrafung schlechtweg*, ohne Rücksicht auf deren Art und Dauer, abhängig macht. Indes muß nach dem E. die strafbare *Handlung in der Trunkenheit* begangen sein, gleichgültig, ob diese selbstverschuldet ist oder nicht. Bei trunksüchtigen Personen wird es im Einzelfall vielfach zweifelhaft sein, ob die Trunkenheit vom medizinischen Standpunkt aus noch als selbstverschuldet bezeichnet werden kann; gerade solche Fälle sind es aber, in denen die Maßregel besonders notwendig ist, führt die Denkschrift (S. 86) aus. Ich stimme dem durchaus zu. Um so mehr fällt auf, wenn der E. außerdem auch die *Bestrafung wegen sinnloser Trunkenheit* als weitere Vorbedingung der Anstaltsunterbringung ansicht. Der E. widerspricht sich selbst, da ja nach § 274 I E. eine Verurteilung wegen sinnloser Trunkenheit nur dann erfolgen kann, wenn diese schuldhaft war. Nach dem Wortlaut des E. ist die Unterbringung dann nicht angängig, wenn bei selbstverschuldeter sinnloser Trunkenheit von Strafe deshalb abgesehen ist, weil der Fall besonders leicht war (§ 274 III). Diese Unstimmigkeit würde dazu verleiten können, eine, wenn auch nur geringe Strafe lediglich deshalb zu verhängen, um die etwa gebotene Unterbringung zu ermöglichen, von der Strafvollstreckung aber durch Bewilligung der bedingten Strafaussetzung abzusehen.

Vor allem versagt § 92 dann, wenn der Täter *lediglich infolge von Trunksucht*, also von chronischem Alkoholismus, ohne daß es zu einer Trunkenheit auf dessen Boden gekommen ist, gegen das Gesetz verstößt, gleichgültig, ob eine Verurteilung erfolgt oder nicht. Dieser Ausnahmestellung kann ich am wenigsten beipflichten. Es ist vielmehr unbedingt erforderlich, daß auch unter dieser Voraussetzung eine Einweisung in eine Trinkerheilanstalt verhängt werden kann. Daß der E. in den genannten Fällen versagt, ist um so mehr zu bedauern, weil nach den jetzigen Bestimmungen die zwangsweise Anstaltsbehandlung eines Trunksüchtigen sich nur schwer, und dann auch meist erst, wenn es zu spät ist, erreichen läßt.

Somit ist eine Bestimmung zu fordern, nach der ein Trunksüchtiger oder Gewohnheitstrinker in einer Trinkerheilanstalt untergebracht werden kann oder muß, wenn er unter dem Einfluß von Alkohol eine strafbare Handlung begangen hat, gleichgültig, ob er deshalb bestraft wird oder nicht, gleichgültig, ob er zur Zeit der Tat betrunken war oder nicht, gleichgültig, ob die Trunkenheit, sofern er trunken war, sinnlos war oder nicht, ob sie selbstverschuldet war oder nicht. Es muß mit andern Worten *der objektive Tatbestand einer unter Mitwirkung von Alkohol zustande gekommenen strafbaren Handlung eines Gewohnheitstrinkers genügen*, sofern auch die anderen Voraussetzungen erfüllt sind.

3. Das Gericht muß schließlich diese Maßnahme für erforderlich halten, um den Täter *an ein gesetzmäßiges und geordnetes Leben zu gewöhnen.* Es wird mithin vorausgesetzt, daß der Trunksüchtige nicht gesetzmäßig und geordnet lebt, daß er aber durch die Einweisung in eine Trinkerheilanstalt an ein solches Leben gewöhnt werden kann. Somit muß die Unfähigkeit, gesetzmäßig und geordnet zu leben, auf den chronischen Alkoholmißbrauch zurückzuführen sein. Wenn auch der E. das Wort „wieder", das im V. E. (§ 43 I 2) vor den Worten „an ein gesetzmäßiges und geordnetes Leben zu gewöhnen" steht, gestrichen hat, so nimmt offensichtlich auch der E. an, daß der Trunksüchtige, bevor er dem Alkoholmißbrauch verfallen war, ein gesetzmäßiges Leben geführt hat; sonst wäre die Unterbringung in einer Trinkerheilanstalt eine unnütze und damit überflüssige Maßnahme.

Ich lege bei einer Kritik dieser Voraussetzung nicht so großen Wert darauf, daß die Unterbringung anstrebt, den Trunksüchtigen an ein *geordnetes* Leben zu gewöhnen; denn sie könnte den Einwand begründen, nicht jeder, der nicht geordnet lebt, brauche gegen das Strafgesetzbuch zu verstoßen, während der Richter nur gegen Rechtsbrecher mit Strafen oder sichernden Maßnahmen vorgehen darf; das entsprechende gilt auch von der Unterbringung in einem Arbeitshause, die dazu dienen soll, „den Verurteilten an ein gesetzmäßiges und arbeitsames Leben zu gewöhnen" (§ 95 I 1 E.). Ich glaube, eine mißverständliche Auffassung braucht sich hieraus nicht unbedingt zu ergeben; wird doch die Gewöhnung an ein gesetzmäßiges und geordnetes Leben verlangt, wie auch der ganze Abschnitt die Überschrift „Maßregeln der Besserung und Sicherung" trägt. Immerhin möchte ich empfehlen, zu erwägen, die Worte „und geordnetes" wegzulassen, zumal sie überflüssig sind. Es *genügt,* den Trunksüchtigen an ein *gesetzmäßiges Leben* zu gewöhnen. Darüber hinaus soll, braucht und darf sich das Interesse des Strafrichters nicht erstrecken. Hat doch der Gesetzgeber bei den Jugendlichen Erziehungsmaßnahmen nur deshalb für erforderlich gehalten, um sie an ein gesetzmäßiges Leben zu gewöhnen (§ 131).

Vergleicht man § 88 mit § 92, so fällt auf, daß der E. den geistig abnormen Menschen dann verwahren will, wenn die öffentliche Sicherheit diese Maßregel erfordert, den Trunksüchtigen aber, um ihn an ein gesetzmäßiges und geordnetes Leben zu gewöhnen. Warum der Gesetzgeber eine verschiedene Ausdrucksweise wählt, ist um so weniger ersichtlich, als die beiden genannten Paragraphen Bestimmungen über einander außerordentlich ähnliche Maßnahmen treffen. Eben deshalb wäre ein einheitliches Vorgehen geboten. § 88 gibt ausdrücklich die Voraussetzung an, unter der die Verwahrung zulässig ist. § 92 faßt den Zweck, der mit der Unterbringung erreicht werden soll, ins Auge. Soll ich einen Vergleich anwenden, so macht § 88 die Maßnahme abhängig von einer sozialen Krankheit, § 92 von der Notwendigkeit der Therapie. Glaubte der Gesetzgeber dem letzteren Gedanken besonderen Ausdruck geben zu sollen, so wäre es richtiger gewesen, in Übereinstimmung mit meiner obigen Ausführung die Entlassung ausdrücklich von der Erreichung des Ziels abhängig zu machen; das hat der E. zwar bei den Trunksüchtigen in § 94 I (auch II), getan, nicht aber bei den wegen geistiger Mängel Z.r.u.f. und vm. Z.r.f.

Nach dem E. könnte man annehmen, daß der Richter die Anstaltsbehandlung nur dann anordnen kann, wenn sie Erfolg verspricht; sie ist nicht schon dann zulässig, wenn sie erforderlich erscheint, um lediglich zu *versuchen*, den Trunksüchtigen an ein gesetzmäßiges Leben zu gewöhnen. Ob aber nur die Möglichkeit besteht, oder vielmehr sichere *Aussicht* vorhanden ist, den Trunksüchtigen im sozialen Sinne *zu heilen*, darüber müßte der *Richter*, und, wie ich verlange, erst nach Anhörung eines *Sachverständigen* entscheiden. Wer aber kann dies im voraus sicher wissen, wenn nicht bereits ein Versuch der Behandlung in einer Trinkerheilanstalt oder gar mehrere Versuche fehlgeschlagen sind? Ist mit der Möglichkeit der Gewöhnung an ein gesetzmäßiges und geordnetes Leben nicht zu rechnen, so kann die Verwahrung in einer Heil- oder Pflegeanstalt nach § 88 in Betracht kommen, sofern sie — und das wird meist der Fall sein — aus Gründen der Rechtssicherheit geboten ist.

Aus allen diesen Gründen empfehle ich, die Unterbringung in einer Trinkerheilanstalt in Übereinstimmung mit § 88 davon abhängig zu machen, daß die öffentliche Sicherheit (oder die Rechtssicherheit) sie erfordert.

Auch hier muß mit besonderem Nachdruck darauf hingewiesen werden, daß die Einweisung in eine Trinkerheilanstalt, wie die Denkschrift (S. 90) hervorhebt, nur die ultima ratio sein soll. Ausdrücklich sieht § 92 II für mildere Fälle die Schutzaufsicht vor. Würde die vermehrte Aufsicht seitens der Angehörigen, die Aufnahme in einen Abstinenzverein oder der freiwillige Eintritt in eine Anstalt genügen, so ist von der Überweisung in eine Trinkerheilanstalt abzusehen. Dieser Auffassung stimme ich durchaus zu, wenn nur nicht aus allzu großer und gerade hier unangebrachter Rücksichtnahme auf den Trunksüchtigen und aus Angst vor kräftigem Zugreifen der richtige Zeitpunkt versäumt wird, zu dem eine Behandlung in einer Trinkerheilanstalt noch Erfolg verspricht. Auf Grund der üblen Erfahrungen mit der Entmündigung wegen Trunksucht kann ich nur auf das dringendste davor warnen, dem Trunksüchtigen allzu große Nachgiebigkeit entgegenzubringen. Aber auf der andern Seite schätze ich die eben angedeutete Möglichkeit, dem Alkoholmißbrauch auch ohne Anstaltsbehandlung wirksam entgegenzutreten, doch so hoch ein, daß ich dringend empfehlen möchte, die Möglichkeit einer *bedingten Anordnung* der Unterbringung in einer Trinkerheilanstalt ins Auge zu fassen. Sieht der Trunksüchtige, was er mit seiner Tat angerichtet hat, welche Folgen sich hieraus für ihn schon in strafrechtlicher Beziehung ergeben — ich sehe ganz von der sozialen Schädigung und der moralischen Verurteilung bei Verwirklichung der Anordnung ab —, so kann schon die gefährliche Aussicht, zwangsweise in einer Anstalt untergebracht zu werden, eine nachhaltige Wirkung haben. Übel angebrachte Schwäche wäre es, wollte der Richter, sofern der Verurteilte nicht den auf ihn gesetzten Erwartungen entspricht, nicht unverzüglich die Unterbringung herbeiführen.

Ich widerspreche mit meinem letzten Vorschlage nicht obigen Ausführungen, mit denen ich vor zu weit gehender Milde warne. Die richterliche Entscheidung ist nur von Fall zu Fall zu treffen; immer natürlich erst nach Anhörung des psychiatrisch vorgebildeten Sachverständigen.

Der E. trifft über die praktische Ausführung des Verfahrens Vorschriften, die durchaus denen entsprechen, die gegenüber Z.r.u.f. und vor allem vm. Z.r.f. gelten.

Die Unterbringung bewirkt die *Landespolizeibehörde* (§ 93 1). Warum gibt aber der E. in dieser Bestimmung den Ort der Unterbringung der Trunksüchtigen, die Trinkerheilanstalt, an, über die nach dem vorhergehenden § 92 kein Zweifel bestehen kann, während er in § 89 I nur schlechtweg von der Verwahrung ohne Angabe des Ortes spricht?

Die Polizeibehörde ist also verpflichtet, die vom Gericht getroffene Anordnung auszuführen. Doppelt erfreulich gegenüber Trunksüchtigen, deren zutreffende Beurteilung durch die Richter eher zu erwarten steht, vor allem deshalb, weil geldliche Rücksichtnahme die Klarheit des Urteils nicht zu trüben droht. Ebenso kann man der Absicht des V. E. (vgl. Begründung S. 161) zustimmen, der Polizeibehörde die Wahl der Trinkerheilanstalt zu überlassen. An geeigneten Anstalten fehlt es freilich zur Zeit (s. unten S. 92). Wenn das Gericht es in einem Einzelfall für seine Pflicht halten sollte, für die Unterbringung eine bestimmte Anstalt zu empfehlen, so ist anzunehmen, daß die Polizeibehörde einem derartigen Hinweis Rechnung trägt.

Der E. sieht — und damit erörtere ich die Frage, zu welchem *Zeitpunkt* die Unterbringung in einer Trinkerheilanstalt erfolgen soll — die Unterbringung nur im Falle einer Bestrafung vor. Es entspricht dem bei der Behandlung der vm. Z.r.f. eingenommenen Standpunkt des E. (§ 93 II, § 89 II 1), wenn die *Unterbringung* sich *an* die *Vollstreckung der Strafe anschließt*. Hier um so mehr, als der Genuß von Alkohol, der zu der strafbaren Handlung geführt hat, ein schuldhaftes Handeln nach der Stellungnahme des Gesetzgebers darstellt, gerade dann aber eine strenge erzieherische Einwirkung angebracht ist.

Ich habe oben (S. 247) vorgeschlagen, eine Anstaltsunterbringung auch dann vorzusehen, wenn der Richter eine Strafe nicht verhängt hat. Die Unterbringung müßte in diesem Falle natürlich spätestens dann einsetzen, wenn das die Unterbringung aussprechende Urteil rechtskräftig geworden ist (vgl. § 89 III). Aber auch hier mag unter Umständen eine frühere Unterbringung (vgl. S. 67), also schon vor der richterlichen Entscheidung, angebracht sein.

Der E. verspricht sich, ebenso wie der V. E., eine heilsame Beeinflussung des Trunksüchtigen bereits von der Vollstreckung der Freiheitsstrafe. Daher ist es berechtigt, den Fall zu berücksichtigen, daß bereits der *Strafvollzug* das *erreicht, was mit* der Behandlung in der *Trinkerheilanstalt erzielt* werden soll. Dann muß natürlich von der Unterbringung als von einer nunmehr überflüssigen Maßnahme abgesehen werden. Aber wer trifft diese Entscheidung? Nach der Denkschrift S. 91 offenbar die *Landespolizeibehörde*! Also die Behörde, die des Richters Anordnung ausführen muß! Schon rein formal sehr bedenklich. Nicht minder sachlich, da die Gefahr besteht, daß die Landespolizeibehörde sich von geldlichen oder anderen nicht angebrachten Rücksichten bei ihrer Entscheidung leiten läßt. Ich halte eine *richterliche Entscheidung* für geboten und würde, da der Verurteilte sich noch in der Strafanstalt befindet, die Entscheidung dem Strafrichter zuweisen. Freilich mit der weiteren Bestimmung, daß er vorher die Leitung der Strafanstalt und vor allem den, ich nehme immer an, psychiatrisch vorgebildeten Arzt der Strafanstalt hört. An dessen Gutachten darf er natürlich nicht gebunden sein. Mit besonderem Nachdruck muß auf die Schwierigkeit einer derartigen Begutachtung hingewiesen werden. Wie kann man eine leidlich sichere Prognose stellen, so lange der zu Beurteilende sich in der geschlossenen Strafanstalt befindet und daher keine Gelegenheit gehabt hat, zu zeigen, daß er den Lockungen der Freiheit widerstehen kann? Die Häufigkeit und Geschicklichkeit, mit der gerade Alkoholisten zu dissimulieren verstehen, vergrößert noch die Schwierigkeit der Aufgabe. Auch aus diesem Grunde erscheint mir die Einführung eines *progressiven Strafvollzugs* besondere Beachtung zu verdienen, um dem Trunksüchtigen genügend Gelegenheit zu geben, zu zeigen, daß er auch bei mehr oder minder großer Bewegungsfreiheit sich abstinent halten, daß er ein gesetzmäßiges Leben führen kann.

Aber auch wenn der Sachverständige noch so vorsichtig zu Werke geht — und ich gehe hierbei von der Voraussetzung aus, daß nur in Übereinstimmung mit seinem Gutachten von der Unterbringung abgesehen worden ist —, kann er sich irren. Daher erscheint es richtiger, den *Verzicht* auf die Unterbringung nur *bedingungsweise* auszusprechen, eine Probezeit vorzusehen und für diese dem Verurteilten ähnliche Pflichten aufzuerlegen, wie dem aus der Trinkerheilanstalt Entlassenen

(§ 94 I 2). Bewährt sich der Trunksüchtige während der nicht zu kurz bemessenen Probezeit — vielleicht von 2 bis zu 5 Jahren —, so verzichtet das Gericht endgültig auf die Durchführung seiner Anordnung, ihn in der Trinkerheilanstalt unterzubringen. Andernfalls muß der Richter eingreifen.

Der E. sieht die Möglichkeit vor, den Verurteilten *vorläufig aus der Strafhaft zu entlassen* (§ 93 II, 89 II 2, §§ 69—72). Ich kann hinsichtlich dieses Punktes auf meine früheren Ausführungen, die sich auf die vm. Z.r.f. beziehen (S. 79), verweisen. Also nicht die oberste Justizaufsichtsbehörde, sondern der Richter soll entscheiden! Wenn die vorläufige Entlassung an bestimmte Voraussetzungen geknüpft wird, die ein Mißlingen des Versuchs verhüten sollen, so muß der Trunksüchtige unter Schutzaufsicht gestellt werden. Es müssen ihm besondere Verpflichtungen auferlegt werden, wie bei der Entlassung aus der Trinkerheilanstalt. Bewährt sich der Trunksüchtige nicht, so muß eben der Richter die weitere Strafvollstreckung herbeiführen.

Freilich kommt es nicht immer zur Vollstreckung der vom Gericht verhängten Strafe. Das Gericht kann auch dem Trunksüchtigen eine *bedingte Strafaussetzung* (§ 93 II, 89 III) gewähren. Wenn aber dann der Verurteilte sofort in der Trinkerheilanstalt untergebracht und die in ihr zugebrachte Zeit auf die Probezeit angerechnet werden soll, so muß ich hiergegen noch schärferen Widerspruch erheben, als bei der entsprechenden Bestimmung über die Behandlung der vm. Z.r.f. Hält sich der Verurteilte während seines Heilanstaltsaufenthalts abstinent, so beweist das nicht im mindesten seine Charakterfestigkeit und Widerstandsfähigkeit gegen alkoholische Verlockungen; es sei denn, daß auch die Anstaltsbehandlung progressiv gestaltet wird. Aber auch dann erscheint es mir unrichtig, ich nehme an, lediglich wieder aus „Billigkeitsgründen", wie bei den vm. Z.r.f., die Zeit, die in der Trinkerheilanstalt zugebracht ist, auf die Probezeit anzurechnen. Ich halte es also für notwendig, die Bestimmung hinsichtlich der Anrechnung der Zeit zu streichen.

Was den *Ort* angeht, so spricht der E. schlechthin von einer *Trinkerheilanstalt.* Da nicht ausdrücklich öffentliche Anstalten vorgeschrieben sind, kommt *auch* eine *Privatanstalt* — dann natürlich unter der gebotenen strengen staatlichen Aufsicht — in Betracht. Praktisch freilich belanglos, da es nur wenige Privat-Trinkerheilanstalten gibt und neue kaum gegründet werden dürften, da sie sich nicht rentieren. Wie sich aus der Begründung des V. E. (S. 161) ergibt, wollte auch dieser, wie der E., ebenfalls Privatanstalten zulassen. Warum aber der V. E. seinem von ihm andernorts (S. 237) ausgesprochenen Grundsatz widerspricht, die Verwahrung nur in einer öffentlichen Anstalt zuzulassen, weil nur dies dem Wesen der sichernden Maßnahme entspricht, ist um so weniger zu verstehen, als Trunksüchtige unter Umständen noch mehr als Geistesgestörte Schädlinge der Gesellschaft sind und einer noch zielbewußteren und energischeren Behandlung bedürfen. Eine gleichmäßige Stellungnahme des Gesetzgebers ist auch hier notwendig. Entweder läßt er die Verwahrung bei geistigen Mängeln auch in den Privatanstalten zu, oder er verlangt die Unterbringung der Gewohnheitstrinker nur in öffentlichen Trinkerheilanstalten. Aber auch an solchen fehlt es. Der V.E. konnte noch (S. 161) darauf hinweisen, daß da, wo es an geeigneten Anstalten bisher fehlt, auf eine Errichtung durch die Kommunalverbände, nötigenfalls im Wege der Gesetzgebung, hinzuwirken sei. Heute wird sich noch mehr denn früher ein Widerstand der zahlungspflichtigen Verbände geltend machen. Bei der trostlosen Finanzlage erscheint es mehr als fraglich, ob in absehbarer Zeit Gelder für die Errichtung besonderer Trinkerheilanstalten bewilligt werden können. Als Ersatz für die Trinkerheilanstalten stehen dann wieder nur die *Irrenanstalten* zur Verfügung. Die Bedenken, die gegen ihre Verwertung für die Verwahrung vm. Z.r.f. bestehen, gelten nicht in demselben Maße hinsichtlich der Gewohnheitstrinker, wenn auch zugegeben werden mag, daß es sich hierbei in der Mehrzahl um Elemente handelt, die jeder Psychiater gern seinem Kollegen überläßt. Es bedürfte somit nicht einer Bestimmung, die, wie bei den vm. Z.r.f., vorschreibt, die Trunksüchtigen nur in besonderen Räumen oder Häusern der Irrenanstalten unterzubringen. Aber selbstverständliche Voraussetzung ist der Grundsatz einer völlig alkoholfreien Lebensführung im Betrieb der Irrenanstalt. Daß alle Angestellten und Beamten, nicht zuletzt die Ärzte einer solchen Anstalt, ebenfalls abstinent leben, erscheint im Interesse der Sache zwar dringend wünschenswert, ist aber, fürchte ich, praktisch kaum durchzuführen.

Über die *Entlassung* aus der Trinkerheilanstalt trifft § 94 I 1 die Bestimmung: „Die Landespolizeibehörde entläßt den Verurteilten aus der Trinkerheilanstalt, sobald der Zweck der Maßregel erreicht ist.“ In der Fassung jedenfalls sehr viel glücklicher als § 90 I. Nicht nur hinsichtlich der Ausdrucksweise, sondern auch deshalb, weil der Gesetzgeber in nicht mißzuverstehender Form dann die Entlassung vorschreibt, wenn der *Zweck* der *Anstaltsunterbringung erreicht* ist. Die *Landespolizeibehörde* darf aber unter keinen Umständen die Entscheidung haben. Diese Möglichkeit würde doch geradezu angetan sein, alle die Vorteile zu beseitigen, die der E. mit der richterlichen Anordnung der Anstaltsunterbringung angestrebt hat. Die Entscheidung ist vielmehr dem ordentlichen Gericht zuzuweisen; und meiner schon oben dargelegten Stellungnahme nach, da es sich nicht mehr um eine Strafvollstreckung, sondern um die Durchführung einer sichernden Maßnahme handelt, dem mit dem *Sicherungsverfahren* betrauten Gericht.

Die Anhörung eines Sachverständigen, und zwar eines Anstaltsarztes ist vorzuschreiben. Es genüge, auf die Schwierigkeit der Begutachtung hinzuweisen, die insofern gemildert werden kann, als dem in der Trinkerheilanstalt Untergebrachten zunehmend größere Bewegungsfreiheit eingeräumt werden mag.

Mit besonderer Freude muß hervorgehoben werden, daß der E. die Entlassung *auf Widerruf* zuläßt und von bestimmten Bedingungen abhängig zu machen ermöglicht. Hierzu sagt § 94 I 2, daß die die Entlassung herbeiführende Behörde dem Trunksüchtigen „besondere Pflichten auferlegen", ihn „auch unter Schutzaufsicht stellen" kann. Ich möchte in dieser Beziehung weitergehen und mich nicht mit der bloßen Möglichkeit begnügen. Ich halte es vielmehr für notwendig, den Trunksüchtigen regelmäßig unter Schutzaufsicht zu stellen; am besten unter die Aufsicht des Mitgliedes eines Enthaltsamkeitsvereins. Schärfere Bestimmungen hinsichtlich der *Verpflichtungen*, die ihm aufzuerlegen sind, sind sicher geboten. Selbstverständlich ist das Verbot des Genusses geistiger Getränke und damit mittelbar das Wirtshausverbot im Sinne des § 91. Es muß schon eine totale Abstinenz verlangt werden. Würde der Gesetzgeber sich damit begnügen, nur übermäßigen Alkoholgenuß zu verbieten, so würde die geradezu unmögliche Aufgabe, im Einzelfall zu entscheiden, was mäßig, was unmäßig ist, zu lösen sein. Soll die Behandlung in der Trinkerheilanstalt einen Dauererfolg haben, so muß der Trunksüchtige eben abstinent bleiben. Daher ist es schon das beste, wenn dem Entlassenen der Eintritt in einen Abstinenzverein zur Pflicht gemacht wird. Die Bewährungsfrist soll nicht zu kurz bemessen sein; während dieses Zeitraums besteht die Schutzaufsicht und die Verpflichtung, die besonderen Anordnungen zu befolgen. Daß alle diese Maßnahmen nur von dem Sicherungsgericht, nicht aber von der Landespolizeibehörde zu treffen sind, ergibt sich aus meinen Darlegungen von selbst.

„Stellt sich heraus, daß der Zweck der Maßregel noch nicht erreicht war, so kann die Landespolizeibehörde die Entlassung widerrufen," bestimmt der E. § 94 II, natürlich innerhalb der später noch zu erwähnenden zweijährigen Frist nach § 94 III. Nach zwei Richtungen fordert diese Bestimmung die Kritik heraus. Einmal ist und bleibt die *Landespolizeibehörde* nur das Exekutivorgan. Es ist lediglich Sache der Sicherungsbehörde, selbständige Maßnahmen zu treffen, also zu entlassen oder die Entlassung zu widerrufen. Natürlich unbeschadet der Verpflichtung der Polizeibehörde, die Sicherungsbehörde zu benachrichtigen und gegebenenfalls nach eigenem Ermessen die sofortige Anstaltsunterbringung herbeizuführen, unter Voraussetzung der nachträglichen Genehmigung ihres Vorgehens durch die Sicherungsbehörde. Ist aber festgestellt, daß der Zweck der Maßregel nicht erreicht ist, dann bleibt eben nichts anderes übrig, als die zu früh unterbrochene Behandlung in der Trinkerheilanstalt fortzusetzen. Dann *muß* eben die vorläufige Entlassung widerrufen werden. Die bloße Zulässigkeit, die der E. vorsieht, reicht nicht aus. Gerade der vom E. gewählte Wortlaut, „daß der Zweck der Maßregel noch nicht erreicht war“, schützt davor, daß mit der Erneuerung oder vielmehr Wiederaufnahme der Anstaltsbehandlung ein Mißbrauch getrieben wird, der als chikanöse Behandlung des Trunksüchtigen gedeutet werden könnte.

Der E. sieht somit die Möglichkeit vor, die Entlassung aus der Trinkerheilanstalt widerruflich zu gestalten, ohne eine bestimmte Anweisung zu geben, wann von dieser Möglichkeit Gebrauch gemacht werden soll. Ich halte es schon für richtiger, *jede Entlassung* eines Trunksüchtigen, sei es aus der Strafanstalt — hier natürlich nur so lange, als die Strafe noch nicht abgesessen ist —, sei es aus der Trinkerheilanstalt, *nur auf Widerruf* zu gestatten, um die allmähliche Überleitung des Gewohnheitstrinkers ins bürgerliche Leben möglichst zu erleichtern. Erscheint wirklich einmal ein derartiges Vorgehen in einem Einzelfall unnötig hart, so mag die Bewährungsfrist besonders kurz bemessen werden. Im allgemeinen sollte diese aber nicht zu kurz dauern. Eine zwar strenge, aber doch sachlich durchaus gebotene und daher gerechtfertigte Maßnahme gegenüber der erschreckenden und jetzt wieder zunehmenden kriminellen Bedeutung des Alkoholmißbrauchs.

Dem Trunksüchtigen die Entlassung aus der Trinkerheilanstalt möglichst zu erleichtern, der sich freiwillig und, soweit man prüfen kann, ernstlich den Verpflichtungen unterwirft, die grundsätzlich an die bedingte Entlassung geknüpft sind, das braucht nicht ausdrücklich empfohlen zu werden; denn eine vorzeitige Entlassung wird sicher dann nicht zu befürchten sein, wenn der Entlassene aus eigenem Antriebe derartige Verpflichtungen übernimmt.

Was die *Dauer* der Unterbringung in einer Trinkerheilanstalt angeht, so weicht der E. von dem Grundsatz, daß die sichernden Maßnahmen erst dann ihr Ende finden sollen, wenn ihr Zweck erreicht ist, daß also von vornherein die Zeitdauer nicht zu übersehen ist — und gerade dadurch unterscheidet sich die sichernde Maßnahme von der Strafe —, insofern ab, als § 94 III bestimmt: „Mit Ablauf einer Frist von zwei Jahren, von der ersten Unterbringung an gerechnet, erreichen alle Maßnahmen, die auf Grund der Anordnung des Gerichts getroffen worden sind, ihr Ende“.

Man hat diese Fassung bemängelt, weil sie nicht deutlich zum Ausdruck bringt, ob in diese zweijährige Frist auch die Strafzeit eingerechnet werden soll. Aber das kann unmöglich die Absicht des Gesetzgebers gewesen sein. Bei einer Strafe von zwei Jahren oder mehr wäre dann die Unterbringung in einer Heilanstalt nicht mehr möglich! Eine Absicht, die man dem E. vielleicht zumuten könnte, der den heilsamen Einfluß der Strafvollstreckung sehr erheblich überschätzt! Abgesehen davon muß aber betont werden, daß der E. jemanden zur Strafe „verurteilt“, eine bessernde Maßnahme, soweit es sich um pathologische Individuen handelt, „anordnet“, sonst „auf (sie) erkennt“. Die Denkschrift (S. 91), die sagt, daß die zweijährige Frist vom Tage der Unterbringung an läuft, beseitigt übrigens diesen Zweifel, wenn es dessen noch bedürfte.

Maßgebend war für diese Stellungnahme bereits beim V. E. die Ansicht, daß ein *zweijähriger Zeitraum* nach den bisherigen Erfahrungen genügen dürfte, den gewünschten Erfolg zu erreichen, wenn überhaupt Aussicht auf Heilung besteht. Die Denkschrift (S. 91) sieht aber nicht, wie die Begründung zum V. E. (S. 161), den Fall vor, daß diese Annahme nicht unbedingt zuzutreffen braucht. Der V. E. bemerkt nämlich zu dieser Bestimmung, daß die *weitere Festhaltung* gegen den Willen des Trunksüchtigen nötigenfalls mit Hilfe der *Entmündigung* herbeizuführen ist. Abgesehen davon, daß die Begründung nicht klar erkennen läßt, ob ein ferneres Verbleiben über den zweijährigen Zeitraum hinaus auch in der Trinkerheilanstalt oder allein in der Heil- oder Pflegeanstalt zulässig sein soll, verkennt der V. E. doch durchaus das Wesen der Entmündigung. Wenn sogar der V. E. eine so unzutreffende Auffassung von der Voraussetzung und der Bedeutung der Entmündigung hat, kann man sich gar nicht darüber wundern, wenn weitere Kreise, darunter viele Juristen, andauernd die beiden Begriffe der Entmündigungsreife und Anstaltspflegebedürftigkeit mit einander verwechseln, wenn sie mit andern Worten der Ansicht sind, nur der Entmündigte dürfe gegen seinen Willen in einer Irrenanstalt oder, was hiermit gleichbedeutend ist, in einer Trinkerheilanstalt verwahrt werden. Es unterliegt für mich gar keinem Zweifel, daß die Entmündigung als ein gesetzlich zulässiger Umweg, die weiterer Internierung zu ermöglichen, unter allen Umständen ausscheiden muß. Wie kann vor allem eine zivilrechtliche Maßnahme, wie es die Entmündigung nun einmal ist, in den ausgesprochenen oder gar alleinigen Dienst strafrechtlicher Erwägungen gestellt werden?

Wenn im Einzelfall sich erweist, daß die zweijährige Behandlung des Trunksüchtigen nicht ausgereicht hat — und diese Möglichkeit ist besonders dann nahe gerückt, wenn der Versuch einer Entlassung nicht sofort, sondern erst in einem späteren Zeitpunkt, unmittelbar vor Ablauf der Höchstdauer, fehlschlägt —, so muß nach der Ansicht des E. unbedingt die Entlassung erfolgen. Lediglich aus dieser formalen Vorschrift heraus! Ebenso müssen die Verpflichtungen, die dem Trunksüchtigen gemäß § 94 I 2 auferlegt werden, auch die Stellung unter Schutzaufsicht, ihr Ende finden. Das ist doch nicht das Ideal einer sichernden Maßnahme!

Eine weitere zwangsweise Internierung, sei es in der Trinkerheilanstalt oder in der Heil- oder Pflegeanstalt, wäre nur noch auf dem sonst üblichen Wege durch Vermittlung der *Verwaltungsbehörde* zu erreichen; und ob sie gerade in einem solchen Falle, nachdem eine zweijährige Behandlung sich als fruchtlos erwiesen hat, sich die Fortsetzung der Behandlung, deren Kosten ihr vielleicht zufallen, besonders angelegen sein läßt, ist mehr als fraglich. Man könnte daran denken, in Anlehnung an § 88 den Trunksüchtigen in einer *Heil- oder Pflegeanstalt* weiter zu behandeln, oder, sofern er sich endgültig als unheilbar erweist, zu verwahren. Vom rein ärztlichen Standpunkt aus wäre dagegen nichts einzuwenden; habe ich doch schon oben (S. 93) die Heil- und Pflegeanstalten überhaupt als Ersatz der im E. vorgesehenen Trinkerheilanstalten zugelassen. Aber in rechtlicher Beziehung ergeben sich Schwierigkeiten. Nicht insofern, als die Verwahrung in den Heil- und Pflegeanstalten die Gefährdung der öffentlichen Sicherheit voraussetzt; diese Voraussetzung ist auch hier stets erfüllt, wenn der Strafrichter ein Interesse an der weiteren Verwahrung des Trunkfälligen hat. Aber § 88 trifft nur dann zu, wenn jemand wegen fehlender Zurechnungsfähigkeit freigesprochen oder außer Verfolgung gesetzt, oder nach § 18 II 1 als vermindert zurechnungsfähig verurteilt ist. Die Bestrafung wegen sinnloser Trunkenheit geht auch von der Annahme fehlender Zurechnungsfähigkeit für die strafbare Handlung aus, verlangt aber, daß der Täter sich schuldhaft in Trunkenheit versetzt hat. Bei unverschuldeter sinnloser Trunkenheit wäre somit nur § 88, aber nicht auch § 92 anwendbar. Somit würde § 88 gerade in den Fällen versagen, in denen eine nachhaltige Behandlung angebracht ist. Und weiter würde die Verwahrung gemäß § 88 im Anschluß an die Unterbringung nach § 92 nur dann angängig sein, wenn der Täter als vermindert zurechnungsfähig verurteilt wird, wenn also die Trunkenheit nicht selbstverschuldet ist. Das trifft sicher nur für die Minderzahl der Fälle zu. Schließlich ist nur das *Gericht*, aber keine andere Behörde in der Lage, eine Verwahrung nach § 88 anzuordnen. Soll nun der Strafrichter, nachdem die von ihm früher angeordnete zweijährige Behandlung in einer Trinkerheilanstalt versagt hat, erneut sich mit der Sache befassen und eine Verwahrung in einer Heil- oder Pflegeanstalt anordnen? Das wäre doch ungewöhnlich umständlich, auch unnötig kostspielig. Dann wäre es schon einfacher, daß der Strafrichter sofort die Zulässigkeit einer Fortsetzung der Behandlung in einer Heil- oder Pflegeanstalt für den Fall, daß die zweijährige Behandlung in der Trinkerheilanstalt nicht den erhofften Erfolg hat, in Aussicht nimmt. Natürlich drängt sich dann jedem der Gedanke auf, entweder von der Verwertung der Trinkerheilanstalt überhaupt abzusehen, die Verwahrung der Trunksüchtigen also der Heil- oder Pflegeanstalt zu übertragen und damit eine zeitlich unbegrenzte Verwahrung nach § 88 zu ermöglichen; oder aber es muß die Bestimmung über die Höchstdauer bei der Unterbringung in der Trinkerheilanstalt fallen. Es läßt sich heute noch nicht übersehen, ob und in welchem Grade Trinkerheilanstalten, falls der E. Gesetz wird, zur Bekämpfung der Kriminalität vom Strafrichter herangezogen werden können. Auf jeden Fall muß, um das bei dieser Gelegenheit zu sagen, eine Häufung sichernder Maßnahmen vermieden werden (vgl. §§ 32, 33 E.); gerade Trunksüchtige können auch unter den Begriff der Z.r.u.f.k. und noch mehr unter den der vm. Z.r.f.k. fallen.

Auf jeden Fall muß die *Bestimmung*, die eine *Höchstdauer* vorschreibt und somit ein Einschreiten des Gerichts entsprechend § 90 II unmöglich macht oder vielmehr ausschließt, *fallen*, nicht nur aus grundsätzlichen Erwägungen, sondern auch aus sachlichen Gründen, selbst wenn diese nur für wenige Fälle zutreffen.

Bei dieser Gelegenheit möchte ich doch hervorheben, daß ich mich nicht des Eindrucks erwehren kann, als ob der E. den *Trunksüchtigen besser stellt*, als den mit geistigen Mängeln Behafteten. Nicht nur die zweijährige Höchstdauer der Verwahrung, auch die Zulässigkeit einer Privatanstalt scheint mir dafür zu sprechen. Der Trunksüchtige verdient aber doch wohl nicht diese Bevorzugung!

Eher könnte man schon daran denken, eine *Mindestdauer* der Behandlung vorzusehen, um einem unsinnigen Drängen des Trunksüchtigen auf vorzeitige Entlassung sofort wirksam entgegentreten zu können. Ein derartiges Vorgehen läßt sich den Trunksüchtigen gegenüber mit dem Hinweis darauf rechtfertigen, daß erfahrungsgemäß ihre erfolgreiche Behandlung in jedem Falle längere Zeit beansprucht, während eine geistige Störung, die zur Annahme der Z.r.u.f.k. oder vm. Z.r.f.k. geführt hat und noch eine Gefährdung der Rechtssicherheit bedingt, in kurzer Zeit abgeheilt sein kann.

Über das Verhältnis von *Trinkerheilanstalten zu Heil- oder Pflegeanstalten* läßt sich im V. E. § 65 I 2 aus. Er ist glücklicherweise nicht in den E. herübergenommen; denn um ihn zu verstehen, dazu bedurfte es, wie *Kahl* einmal scherzweise sich äußerte, ernsten Nachdenkens. Der E. läßt sich überhaupt nicht über die gegenseitigen Beziehungen der beiden Anstalten aus. Nur die Denkschrift sagt (S. 90): „Liegen die Voraussetzungen sowohl für die Unterbringung in einer Heil- oder Pflegeanstalt (§ 88) wie auch für die Unterbringung in einer Trinkerheilanstalt (§ 92) vor, so hat das Gericht zwischen beiden Maßregeln die Wahl". Ich vermag übrigens nicht recht einzusehen, ob eine verschiedene Art der Unterbringung des Trunksüchtigen gerechtfertigt erscheint, je nachdem, ob der Rechtsbrecher an ein gesetzmäßiges und geordnetes Leben gewöhnt werden muß, oder ob es die öffentliche Sicherheit erfordert, je nachdem, ob er wegen einer Straftat in der Trunkenheit oder wegen sinnloser Trunkenheit bestraft ist, oder ob er freigesprochen oder als vm. z.r.f. verurteilt ist. Es kommt doch eben nur darauf an, den Trunksüchtigen an ein abstinentes Leben zu gewöhnen, und mit dieser Möglichkeit hat der Gesetzgeber doch offenbar auch bei einer Unterbringung des Trunksüchtigen in einer Heil- oder Pflegeanstalt gerechnet. An welchem Ort die Erziehung zu einem abstinenten Leben erfolgt, ist dann aber wirklich belanglos.

Die wiederholte Unterbringung des Trunksüchtigen in einer Trinkerheilanstalt auf Grund eines neuen Verfahrens ist zulässig, da der Gesetzgeber sie nicht ausdrücklich untersagt.

### *B) Wirtshausverbot.*

Was das als Nebenstrafe in vielen schweizerischen Kantonen schon jetzt gebräuchliche Wirtshausverbot angeht, so hatte bereits der V. E. (§ 43), sofern eine strafbare Handlung auf Trunkenheit zurückzuführen ist, dem zu einer Strafe Verurteilten den Besuch der Wirtshäuser auf die Dauer bis zu einem Jahre verboten. Der E. (§ 91), der ebenfalls ein Wirtshausverbot kennt, weicht insofern von dem V. E. ab, als er es davon abhängig macht, daß der Verurteilte zu *Ausschreitungen im Trunke* neigen muß. Der V. E. sieht eine derartige Einengung nicht vor. Der Standpunkt des E. ist richtiger. Denn von einem Wirtshausverbot ist dann natürlich abzusehen, wenn anzunehmen ist, daß die Straftat nur auf einen Gelegenheitstrunk zurückzuführen ist, dieser aber voraussichtlich im Leben des Betreffenden ein vereinzeltes Vorkommnis sein wird.

Der E. läßt das Wirtshausverbot nur bei *selbstverschuldeter* Trunkenheit zu, der V. E. ohne Rücksicht auf die Frage der Schuld. Bei der Schwierigkeit der Deutung des Begriffs selbstverschuldet verdient der Standpunkt des V. E. den Vorzug, der ihm auch aus rein sachlichen Erwägungen zukommt.

Der E. sieht ebenso wie der V. E. das Wirtshausverbot *nur* im Falle einer *Bestrafung* vor, nicht aber dann, wenn das Verfahren eingestellt oder von Strafe abgesehen ist, also etwa bei sinnloser unverschuldeter Trunkenheit. Der Sonderstellung solcher Fälle kann ich nicht beipflichten. Die Bestrafung muß nach dem E. wegen selbstverschuldeter Trunkenheit erfolgt sein! Warum soll aber das Wirtshausverbot, sofern es überhaupt Erfolg verspricht, unzulässig sein bei unverschuldeter Trunkenheit, zumal der Begriff der Selbstverschuldung gegenüber einem Zustande von Trunkenheit so schwer faßbar ist? Ebensowenig kann ich zustimmen, wenn das Wirtshausverbot nach dem E. nur bei einer Freiheitsstrafe von höchstens sechs Monaten, bei Geldstrafe oder Verweis zulässig ist. Der E. sucht zwar sein Vorgehen (S. 86) damit zu rechtfertigen, daß die im Verhältnis zur Unterbringung in einer Trinkerheilanstalt mildere Maßnahme des Wirtshausverbots „nur neben verhältnismäßig gelinden Strafen“ zuzulassen sei; „bei einer

Verurteilung zu längerer Freiheitsstrafe wird durch den Strafvollzug die gleiche Wirkung erzielt“; deshalb hat auch vielleicht der E. das Wirtshausverbot nicht neben der Verwahrung in einer Heil- oder Pflegeanstalt vorgesehen. Die Richtigkeit dieser Begründung kann ich nicht zugeben.

Ich halte das Vorgehen des V. E. für richtiger, der das Wirtshausverbot *bei jeder Strafe* zuläßt, ohne Rücksicht auf deren Art und Höhe. Auch bei einer ernsteren Strafe, als der E. sie in Aussicht nimmt, mag unter Umständen das Wirtshausverbot angebracht sein. Ich gehe noch weiter und möchte das Wirtshausverbot, sofern mit seiner Einführung zu rechnen ist, zulassen *bei jeder auf Trunkenheit zurückzuführenden strafbaren Handlung*, mag sie Strafe nach sich ziehen oder nicht, also auch dann, wenn unverschuldete sinnlose Trunkenheit zu einem Freispruch geführt hat oder von einer Strafe nach Lage des Falles abgesehen ist — immer nur Neigung zu Ausschreitungen im Trunke vorausgesetzt.

Der V. E. läßt das Wirtshausverbot zu, unabhängig von der Höhe der Strafe, sofern nur eine strafbare Handlung auf Trunkenheit zurückzuführen ist. Er steht hierin in einem Gegensatz zu dem E. Anderseits macht der V. E. die Unterbringung in einer Trinkerheilanstalt abhängig von einem bestimmten Strafmaß, im Gegensatz zu dem E. Worauf die Verschiedenheit dieser Stellungnahme zurückzuführen ist, entzieht sich meiner Kenntnis. Daß aber der E. die zwei so verschiedenen Maßnahmen des Wirtshausverbots und der Anstaltsunterbringung, die der V. E. gemeinsam in ein und demselben Paragraphen (§ 43) abgehandelt hat, trennt (E. § 91, § 92), ist nicht nur berechtigt, sondern geradezu geboten.

Sowohl der E. wie der V. E. bestimmen eine *Höchstdauer* für das Wirtshausverbot, und zwar den wirklich nicht allzu langen Zeitraum von einem Jahr. Wenn der V. E. (S. 160) meint, mit der Ausdehnung des Verbotes über die Höchstdauer trete „ein verstärkter Anreiz zur Übertretung des Verbotes“ ein, so scheint er, wie schon *Aschaffenburg* zutreffend hervorhebt, selbst nicht allzu viel Hoffnung auf seine praktische Brauchbarkeit zu setzen.

Insofern ist eine Änderung im E. eingetreten, als er im Gegensatz zum V. E. auch eine *Mindestdauer* vorschreibt und zwar von 3 Monaten. Auch wieder eine reichlich kurze Frist!

Natürlich muß die Zeit, während welcher der Verurteilte eine Freiheitsstrafe im weitesten Sinne des Wortes, also auch im Arbeitshaus, verbüßt, von der Einrechnung in die Frist ausgeschlossen sein (§ 91 III 2), da während dieses Zeitraums der Besuch des Wirtshauses ohnehin unmöglich ist (vgl. S. 90). Um so mehr fällt es auf, daß der E. ausdrücklich bei der bedingten Strafaussetzung (§ 93 II, 89 III) bestimmt, daß die in der Anstalt verbrachte Zeit auf die Probezeit angerechnet werden soll!

Ausdrücklich hatte der V. E. hervorgehoben, daß die Vorschrift des Wirtshausverbots bezweckt, das Aufsuchen der Gelegenheit zu *übermäßigem Alkoholgenuß* zu *verhindern*; danach sei zu beurteilen, inwieweit auch das Betreten einer Bahnhofswirtschaft, einer in einem Wirtshause stattfindenden Versammlung oder dergleichen eine Verletzung des Verbots darstellt (S. 160). Der V. E. begeht aber einen großen Fehler, wenn er als den Zweck seines Verbots nur die Verhinderung des übermäßigen Alkoholgenusses bezeichnet. In den Fällen, in denen das Wirtshausverbot in Betracht kommt, ist völlige Enthaltsamkeit geboten. Ein anderer Standpunkt läßt sich bei der Relativität des Begriffs übermäßig gar nicht rechtfertigen und durchführen. Richtiger ist daher der Standpunkt der Denkschrift des E. (S. 89), wenn sie als das Ziel des Wirtshausverbots hinstellt die Verringerung des Anreizes zu Ausschreitungen in der Trunkenheit und vor allem die erleichterte Fernhaltung vom Genuß geistiger Getränke.

Mit Recht hat man eingewandt, der V. E. gehe zu weit, den Besuch des Wirtshauses überhaupt zu verbieten, wie man aus der Fassung des § 43 unbedingt schließen muß. Das gilt heute um so mehr, als viele Versammlungen in Wirtshäusern stattfinden, deren Besuch zu erschweren oder gar zu verbieten nicht angängig ist. Die Begründung des V. E. macht selber auf diesen Gesichtspunkt aufmerksam, ohne daraus die gebotene Schlußfolgerung zu ziehen. Auch muß berücksichtigt werden, daß bei der allgemeinen Wohnungsnot nicht nur Junggesellen, sondern auch Eheleute mehr denn sonst gezwungen sind, unter Verzicht auf die Führung eines eigenen Haushalts ihre Mahlzeiten im Wirtshause einzunehmen.

Der E. trifft somit schon eher den Kern der Sache, wenn er nicht den Besuch einer Wirtschaft an und für sich verbietet, sondern vielmehr nur untersagt, „sich in Wirtshäusern geistige Getränke verabreichen zu lassen" (vgl. auch § 308 Ziff. 2 V. E.). Freilich trifft dann die vom V. E. übernommene Ausdrucksweise „Wirtshausverbot", die der E. (§ 201 I) beibehalten hat, nicht mehr ganz zu. Darüber, was in diesem Zusammenhang unter *geistigen Getränken* zu verstehen ist, dürften keine Meinungsverschiedenheiten bestehen. Da die Toleranz der einzelnen Person gegen Alkohol sehr verschieden ist und in der Regel dem Wirt für den Einzelfall um so weniger bekannt sein dürfte, als ein und dieselbe Person zu den verschiedenen Zeiten sehr verschieden auf Alkohol reagieren kann, müssen auch die Getränke darunter fallen, die einen nur geringen Alkoholgehalt haben, sofern überhaupt die Maßnahme Zweck haben soll.

Nicht nur der *Inhaber* einer *Schankwirtschaft*, sondern auch sein Vertreter, also auch der Kellner, macht sich strafbar, der wissentlich dem unter Wirtshausverbot Stehenden in seinen Räumlichkeiten (somit auch in den Nebenräumen der Wirtschaft und in den Privaträumen) geistige Getränke verabreicht (E. § 201 II). Ebenso wird der *Verurteilte* selber *bestraft*, der sich in einem Wirtshause geistige Getränke verabreichen läßt (E. § 201 I). Aber nicht ausdrücklich verboten ist es einem andern Gast, dem Verurteilten geistige Getränke zu überlassen. Der Ausdruck „verabreichen" zwingt bei engherziger Auffassung des Wortlauts zu der Deutung, daß nur die unmittelbare Lieferung geistiger Getränke durch den Wirt oder seinen Vertreter an den unter Wirtshausverbot Stehenden verboten ist. Um allen Mißverständnissen aus dem Wege zu gehen, müßte also bestimmt werden, daß jeder bestraft wird, der wissentlich dem unter Wirtshausverbot Stehenden in einem Wirtshause den Verzehr geistiger Getränke (oder besser noch alkoholhaltiger Genußmittel schlechtweg) ermöglicht. Ebenso muß verhütet werden, daß der Verurteilte selber in schikanöser Weise das Verbot umgeht, indem er von Hause mitgebrachte Getränke im Wirtshaus zu sich nimmt.

Das einzig Richtige wäre es, Bestimmungen zu erlassen, die es dem unter Wirtshausverbot Stehenden unmöglich machen, sich alkoholhaltige Getränke, insbesonders Schnaps, zu verschaffen. Aber diese Forderung läßt sich, wenigstens vorläufig, nicht verwirklichen. Somit kann der Trinker das Wirtshausverbot jeden Tag ohne weiteres umgehen, indem er sich zu Hause betrinkt; der Verkauf von Spirituosen über die Straße läßt sich nicht verbieten, wenn nur einzelne Personen davon betroffen werden sollen.

Natürlich muß der Inhaber der Schankwirtschaft darüber *unterrichtet* sein, wer zum Wirtshausverbot verurteilt ist. Wie soll dies aber vor allem da, wo viele Wirtschaften bestehen, besser, einfacher und schneller erreicht werden, als unter entsprechender Anwendung von § 82 E. durch *Veröffentlichung* des Wirtshausverbots? Dagegen sind von verschiedenen Seiten, übrigens auch bereits im G. E. (S. 98) selbst, Bedenken erhoben worden. Man hat vor allem darauf hingewiesen, das Wirtshausverbot sei keine Ehrenstrafe, als welche es übrigens der Schweizerische Entwurf von 1918 auffaßt; und dieser bestimmt ausdrücklich (§ 53 II) die Veröffentlichung in einem amtlichen Blatt. Ich kann jene Bedenken nicht teilen. Denn wenn die Veröffentlichung des Wirtshausverbots dieses wirklich zu einer Ehrenstrafe stempelt, kann es dadurch an Wirksamkeit nur gewinnen. Abgesehen davon möchte ich doch darauf hinweisen, daß auch die Entmündigung wegen Trunksucht vom Amtsgericht veröffentlicht wird (§ 687 Z.P.O.), ohne daß man sich daran in einem allzu großen Zartgefühl stößt. Im Anschluß daran drängt sich jedem der Wunsch auf, auch die wegen Trunksucht Entmündigten grundsätzlich unter Wirtshausverbot zu stellen. Die Veröffentlichung allein reicht auch nicht aus; der Wirt — und vor allem auch seine vielleicht oft wechselnden Angestellten! — müssen den unter Wirtshausverbot Gestellten persönlich kennen!

Schon der V. E. (S. 159) hatte nicht verkannt, daß diese Maßnahme, die einen erheblichen Eingriff in die Freiheit und das Selbstbestimmungsrecht des einzelnen bedeutet, im allgemeinen nur in kleinen Städten oder auf dem dünn bevölkerten Lande Aussicht auf Erfolg hat, weniger in dicht bevölkerten Industriegebieten mit ihren guten Verkehrsmitteln und in größeren Städten. Auch der E. konnte sich diesen Bedenken nicht verschließen, denen er mit den Worten (S. 90) Ausdruck gibt: „Sachgemäß angewendet wird es, insbesondere auf dem Lande und in kleineren Städten, zu einer Besserung der von der Maßregel Betroffenen beitragen können. In größeren Städten wird sein Anwendungsgebiet bei der Schwierigkeit der Aufsicht naturgemäß beschränkt sein; doch wird es auch hier, namentlich in Verbindung mit der Tätigkeit der den Alkoholmißbrauch bekämpfenden Vereine, Nutzen stiften können“. Ebensowenig darf verschwiegen werden, daß zahlreiche und darunter sehr beachtenswerte Kritiker des V. E. sich mehr als skeptisch über die Brauchbarkeit des Wirtshausverbots ausgelassen haben.

In der Tat läßt es sich sehr leicht durch die Freizügigkeit umgehen, sofern diese nicht durch eine sie beschränkende Bestimmung aufgehoben wird. Der E. sieht zwar ein *Aufenthaltsverbot* in § 103 vor, aber nur für ganz bestimmte Fälle, und damit scheidet seine Anwendungsmöglichkeit im Bereiche des Wirtshausverbots fast aus. Und doch kann ich mir sehr wohl denken, daß ein Aufenthaltsverbot, sofern man überhaupt seine Berechtigung anerkennt, Nutzen stiften kann; der Trunksüchtige wird so nachhaltiger vor Verführung bewahrt, als wenn er sich frei bewegen kann. Dieselben Erwägungen können übrigens auch gegenüber Geistesgestörten berechtigt sein. Ist doch schon des öfteren betont worden, daß die „Gemeingefährlichkeit“ territoriale Grenzen haben kann, und damit wird der Polizei das Recht zugesprochen, einem Geisteskranken seine Anstaltsunterbringung in Aussicht zu stellen, falls er nicht die von ihr bestimmten Orte meidet. Aber das Aufenthaltsverbot setzt naturgemäß eine Kontrolle voraus. Sie fällt der Landespolizeibehörde zu. Gerade diese aber möchte ich, zum mindesten soweit es sich um die strafrechtliche Behandlung pathologischer Persönlichkeiten handelt, ausgeschlossen wissen.

Soll das Verbot wirksam sein, müssen die *Wirtshäuser* einer *scharfen Aufsicht* unterworfen werden. Wie leicht kann eine Täuschung — Verabreichung der geistigen Getränke in einem Kaffeegeschirr — diese illusorisch machen? Und wer soll die Kontrolle übernehmen? Die Polizeibehörde, deren Verständnis gerade gegenüber Trunksüchtigen doch nicht allzu hoch zu bewerten ist? Wir hätten dann wieder eine Polizeiaufsicht, die sich nach vielfachen Erfahrungen durchaus nicht bewährt! Oder soll man die Überwachung der zum Wirtshausverbot

Verurteilten den Abstinenzvereinen übertragen? Vielleicht den Fürsorgern, unter deren Schutzaufsicht der Rechtsbrecher gestellt wird? Sicher kein beneidenswertes Amt! Zumal in weiteren Kreisen selbst heute noch ein Verständnis für die Bedeutung der Alkoholfrage für unser Volk völlig fehlt. Es ist mehr als fraglich, ob sich hinreichend Fürsorger finden, die ohne Entschädigung ihres Amtes walten; und damit würde auch der Hinweis darauf entfallen, die Handhabung des Wirtshausverbots empfehle sich, weil sie nicht viele Kosten erfordere, wenn auch immerhin zugegeben werden muß, daß die Anordnung des Wirtshausverbots bei weitem nicht solche Ausgaben beansprucht wie die Verwahrung oder Unterbringung.

*Schwandner* ist einer der wenigen, die auf Grund eigener Erfahrungen über die Wirksamkeit des Wirtshausverbots berichten können. Er hat von seiner Anwendung bei der vorläufigen Entlassung aus der Strafanstalt in Württemberg nur gute Erfolge gesehen. *Aschaffenburg* hat in seinem Vortrage, den er kürzlich auf dem Ersten Deutschen Alkoholgegnertag in Breslau (Oktober 1921) gehalten hat, betont, daß er in Baden nur schlechte Erfahrungen gemacht hat. Meines Wissens haben Polizeiverordnungen, die gestatten, Trinker auf die Trinkerliste zu setzen und vom Wirtshausbesuche auszuschließen, nicht allzuviel Erfolg gehabt.

Ich verspreche mir, wenn ich, obwohl mir eigene Erfahrungen nicht zur Verfügung stehen, mitreden darf, nicht allzu viel Erfolg und teile durchaus die Bedenken, die der V. E., seine Kritiker und der E. gehabt haben. Es erscheint mir mehr als bedenklich, Gesetze zu erlassen, deren praktische Brauchbarkeit nur unter bestimmten örtlichen Voraussetzungen zu erwarten ist; denn nur bei günstigen lokalen Verhältnissen läßt sich ein Erfolg des Wirtshausverbots erzielen. Vor allem verdient der Hinweis darauf Beachtung, daß es nicht nur mißlich, sondern geradezu gefährlich ist, Verbote zu erlassen, deren Nichtbefolgung ungemein häufig ist und doch in den meisten Fällen straflos bleiben wird und muß. Nichts aber schadet mehr der Autorität des Staates, wie die Erfahrungen im Krieg sattsam gelehrt haben. Daher verstehe ich es sehr wohl, wenn mit überwiegender Mehrheit die Einführung des Wirtshausverbots bekämpft wird. Vielleicht verspricht es mehr Erfolg, wenn es nicht nur als eine sichernde Maßnahme des Gerichts angesehen, sondern geradezu zu einer Ehrenstrafe gestempelt wird, die mit ihrer beschämenden und damit auch erziehlichen Wirkung ihren Einfluß nicht nur auf die Verurteilten selber, sondern auch auf andere nicht verfehlen wird. Eben deshalb würde ich der Veröffentlichung des Wirtshausverbots zustimmen. Aber nicht nur diese, sondern auch noch andere Bestimmungen — Wegfall der Höchstfrist; strenge Bestrafung eines jeden, der die Umgehung des Wirtshausverbots wissentlich, wenn auch nur mittelbar, ermöglicht; obligatorische Vereinigung des Wirtshausverbots mit der Stellung unter Schutzaufsicht, die sehr viel ausgiebiger verwertet werden muß als der E. vorsieht — sind notwendig, um dieser Neuerung den Erfolg zu sichern, der überhaupt von ihr zu erwarten steht.

### *C) Schutzaufsicht.*

Wie ich schon andernorts (S. 36) betont habe, setzt die Schutzaufsicht bei den mit ihrer Ausführung beauftragten Fürsorgern ein volles Verständnis für die Alkoholfrage in ihrem ganzen Umfange voraus. Am besten ist es zweifellos, wenn der Fürsorger sowohl wie sein Schutzbefohlener einem Abstinenzverein angehören.

Der E. sieht die Verhängung der Schutzaufsicht für bestimmte Fälle vor. Einmal an Stelle der Trinkerheilanstalt (§ 92 II), wenn die mildere Maßnahme ausreicht — und diese Bestimmung halte ich deshalb für nicht ganz unbedenklich, weil bei einem allzu ängstlichen Richter die Gefahr besteht, daß er die im Einzelfall gebotene Anstaltsunterbringung zu spät oder überhaupt nicht anordnet —, und dann bei der bedingten Strafaussetzung (§ 93 II, § 89 III), bei der vorläufigen Entlassung aus der Strafanstalt (§ 93 II, 89 II 2) und bei der Entlassung aus der Trinkerheilanstalt (§ 94 I). Darüber hinaus möchte ich die Schutzaufsicht in noch viel weiterem Umfange angeordnet wissen; zum Beispiel für die Dauer des Wirtshausverbots und auch nach dessen Ablauf, bei der Entlassung aus der Strafanstalt, auch nach Strafende, ferner bei der von mir vorgeschlagenen nur bedingten Anordnung des Wirtshausverbots und der Unterbringung in einer Trinkerheilanstalt (nicht nur während ihrer Dauer — das verlangt schon die von mir geforderte progressive Gestaltung der Anstaltsbehandlung —, sondern auch nach ihrem Ende).

Finden sich die richtigen Persönlichkeiten, so kann gerade bei den Personen, die zum Alkoholmißbrauch neigen, die Schutzaufsicht eine segensreiche Einrichtung werden. Deshalb besonders beachtenswert, weil sie bei richtiger Anwendung dem Verurteilten helfen kann, ohne ihn unnötig zu benachteiligen.

Es erscheint mir schließlich zweckmäßig, zusammenzustellen, welche Möglichkeiten der E. hinsichtlich der strafrechtlichen Behandlung trifft, soweit Trunkene in Betracht kommen.

I. Liegt *sinnlose Trunkenheit*, also ein Zustand von Bewußtlosigkeit im Sinne des § 18 I vor, so kann von einer Bestrafung wegen der Straftat keine Rede sein, gleichgültig, ob die Trunkenheit selbstverschuldet ist oder nicht. Und eben deshalb kann eine Verwahrung in einer öffentlichen Heil- oder Pflegeanstalt (§ 88) in Betracht kommen, wenn es die öffentliche Sicherheit erfordert.

A) Ist die sinnlose Trunkenheit *selbstverschuldet*, so kann derentwegen der Täter bestraft werden (§ 274). Neigt er zu Ausschreitungen im Trunke, so kann gegen ihn das Wirtshausverbot erlassen werden (§ 91). Leidet er an Trunksucht, so muß er zur Unterbringung in einer Trinkerheilanstalt verurteilt werden, sofern diese Maßnahme erforderlich ist, um ihn an ein gesetzmäßiges und geordnetes Leben zu gewöhnen, Schutzaufsicht aber nicht genügt (§ 92).

B) Ist die sinnlose Trunkenheit *nicht selbstverschuldet*, so ist weder eine Bestrafung wegen sinnloser Trunkenheit, noch ein Ausspruch des Wirtshausverbots, noch eine Unterbringung in einer Trinkerheilanstalt zulässig.

II. Durch die Trunkenheit ist ein Zustand geistiger Störung verursacht, die dem Zustand *vm. Z.r.f.k.* im Sinne des § 18 II entspricht.

A) Falls die Trunkenheit *unverschuldet* ist, muß die Strafe wegen des Vorliegens vm. Z.r.f.k. gemildert werden, auch kann der Täter einer Trinkerheilanstalt oder einer Heil- oder Pflegeanstalt übergeben werden. Das Wirtshausverbot kommt nicht in Betracht.

B) Ist die Trunkenheit *selbstverschuldet*, so muß von einer Strafmilderung aus § 111 abgesehen werden (§ 18 II 2). Nicht nur das Wirtshausverbot, sondern auch die Unterbringung in einer Trinkerheilanstalt, aber nicht die Verwahrung in einer Heil- oder Pflegeanstalt kann vom Richter angeordnet werden.

III. Ist die Trunkenheit *ohne Einfluß auf die Z.r.f.k.*, so trifft das Gesetz keine besonderen Bestimmungen hinsichtlich der Art und Höhe der Strafe. Daß in diesen Fällen auch sichernde Maßnahmen in der Form des Wirtshausverbots und der Unterbringung in einer Trinkerheilanstalt zulässig sind, liegt auf der Hand; die Verwahrung in einer Heil- oder Pflegeanstalt ist aber ausgeschlossen.

Die verschiedenen Möglichkeiten der strafrechtlichen Behandlung, die der E. beim Vorliegen von Trunkenheit vorsieht, sind in der folgenden Tabelle übersichtlich zusammengestellt.

Daraus erhellt zur Genüge, wie verwickelt das System ist, das der E. bei der Beurteilung der in Trunkenheit begangenen Straftaten in Aussicht genommen hat. Daß eine wesentliche Vereinfachung auch aus sachlichen Gründen möglich oder gar geboten ist, habe ich oben dargetan.

Gelegentlich der Besprechung des V. E. wurde von vielen Seiten der weitere Wunsch geäußert, in einem zukünftigen Strafgesetzbuch möchten alle die Bestimmungen, die sich auf Trunkene und Trunksüchtige beziehen, in einem besonderen Abschnitt zusammengestellt werden. Die Berechtigung dieses Wunsches kann man heute mit dem Hinweis darauf dartun, daß der E. die Bestimmungen über die Behandlung der Kinder und Jugendlichen in einem besonderen Abschnitt vereinigt hat.

*Die strafrechtliche Behandlung der Trunkenen und Trunksüchtigen im Entwurf 1919.*

| | | Strafen | | Maßregeln der Besserung und Sicherung | | |
|---|---|---|---|---|---|---|
| | Trunkenheit. | wegen der strafbaren Handlung. | wegen sinnloser Trunkenheit (§ 274). | § 91. Wirtshausverbot bei Neigung zu Ausschreitungen in der Trunkenheit. Höchstdauer 1 Jahr. | § 92. Unterbringung in einer Trinkerheilanstalt bei Trunksucht, falls erforderlich zur Gewöhnung an ein gesetzmäßiges und geordnetes Leben, wenn Schutzaufsicht nicht genügt. Höchstdauer 2 Jahre. | § 88. Verwahrung in einer öffentlichen Heil- oder Pflegeanstalt, falls die öffentliche Sicherheit diese Maßregel erfordert und Schutzaufsicht nicht genügt. Zeitdauer nicht begrenzt. |
| Zurechnungsfähigkeit aufgehoben (§ 18 I). | Selbstverschuldete. | — | + | + | + | + |
| | Nicht selbst verschuldete. | — | — | — | — | + |
| Zurechnungsfähigkeit vermindert (§ 18 II). | Selbstverschuldete. | Keine Strafmilderung nach § 111. | | + | + | — |
| | Nicht selbst verschuldete. | Strafmilderung nach § 111. | | — | + | + |
| Zurechnungsfähigkeit bejaht. | | + | | + | + | — |

Die Bestimmungen des E. über die sichernden Maßnahmen haben mich zur Stellungnahme und Kritik in sehr viel größerem Umfange herausgefordert, als die vom E. getroffene Regelung der Z.r.f.k. Das erscheint schon mit Rücksicht darauf verständlich, daß die sichernden Maßnahmen etwas vollständig Neues gegenüber dem geltenden Recht bedeuten. Wenn der Psychiater zu dieser Frage das Wort ergreift, so erscheint das um so begreiflicher, als in erster Linie abnormen Rechtsbrechern gegenüber sichernde Maßnahmen geboten sind und der Psychiater sich schon seit langem und mit besonderem Nachdruck für sie eingesetzt hat. Denselben Standpunkt hat übrigens die Psychiatrie auch den nur im sozialen Sinne abnormen Gewohnheitsverbrechern gegenüber seit früher Zeit eingenommen. Ich nehme Bezug vor allem auf die temperamentvolle Programmschrift *Kraepelins* „Die Abschaffung des Strafmaßes", die, obwohl sie schon Jahrzehnte alt ist, heute noch nichts an Bedeutung verloren hat.

Als die wichtigsten Forderungen hebe ich — da ich als Arzt mich nicht befugt fühle, formulierte Gegenvorschläge zu machen, sehe ich von solchen ab — hervor: Weiterer Ausbau der Schutzaufsicht; die Zulassung der Anordnung einer nur bedingten Verwahrung in einer Heil- oder Pflegeanstalt oder einer nur bedingten Unterbringung in einer Trinkerheilanstalt, selbstverständlich unter den entsprechenden Vorsichtsmaßnahmen; Ausschaltung der Polizeibehörde bei der Entscheidung über die Entlassung, überhaupt bei allen die Verwahrung betreffenden Entscheidungen, da die Polizeibehörde nur das Exekutivorgan richterlicher Behörden sein soll; Schaffung eines Sicherungsverfahrens, dessen Handhabung einer auch für die nichtkriminellen Insassen von Irrenanstalten zuständigen Sicherungsbehörde übertragen wird, und damit eine in prozessualer Hinsicht einheitliche Regelung des Schutzes gegen widerrechtliche Anstaltsunterbringung, des individuellen Rechtsschutzes; Nichtanrechnung der in den Anstalten zugebrachten Zeit auf die Probezeit bei bedingter Strafaussetzung; Einführung einer grundsätzlich nur vorläufigen oder bedingten Entlassung aus den Anstalten nach Beschaffung von Unterkunft und Arbeitsgelegenheit mit Stellung des Entlassenen unter Schutzaufsicht für die Dauer der Bewährungsfrist; möglichst progressive Gestaltung der Verwahrung, also allmähliche Gewöhnung an die Freiheit durch entsprechende Behandlung; weitestgehende Berücksichtigung des ärztlichen Charakters aller einschlägigen Fragen durch die Forderung einer ärztlichen (psychiatrischen) Begutachtung; Errichtung besonderer Anstalten für die Verwahrung der vermindert Zurechnungsfähigen; erhebliche Erweiterung der Zulässigkeit, Trunksüchtige in Trinkerheilanstalten unterzubringen; Beseitigung der zweijährigen Höchstfrist der Unterbringung in einer Trinkerheilanstalt, die zeitlich unbegrenzt sein muß; schließlich Verzicht auf das Wirtshausverbot oder, falls es doch beibehalten wird, entsprechende Änderungen.

Mir ist sehr wohl bekannt, daß meine Kritik sich vielfach nur auf prozessuale Fragen bezieht, die erst in einem noch zu erwartenden besonderen Reichsgesetz über den Strafvollzug und in Ausführungsvorschriften der Reichsregierung und der Landesregierungen geregelt werden sollen; auch der Vollzug der Besserungs- und Sicherungsmaßnahmen müßte in diesem oder einem besonderen Gesetz noch geregelt werden. Der E. (§§ 62 105, 137) weist S. 11, 64, 88, 121 darauf hin. Dennoch, oder vielleicht gerade deshalb, glaubte ich, von einer Stellungnahme nicht absehen zu sollen, um eine Prüfung und eine möglichst weitgehende Berücksichtigung und Erfüllung psychiatrischer Wünsche uns zu sichern.

Die sichernden Maßnahmen, auf deren Bedeutung u. a. *Gall* gerade vor hundert Jahren hingewiesen hat, bedeuten einen ganz außerordentlichen Fortschritt in dem vom Staat zu führenden Kampf gegen das Verbrechertum. Nicht nur grundsätzlich, sondern auch hinsichtlich des Umfangs, wenn ich auf die Verwahrung gefährlicher Gewohnheitsverbrecher (§ 100—102) Bezug nehme. Aber die Verwirklichung aller dieser Pläne setzt große Mittel voraus, und ob diese dem Staate bei der allgemeinen Finanznot heute zur Verfügung stehen — schon vor einem Jahrzehnt konnte *von Jagemann* bei Besprechung des V. E. auf den zu erwartenden Widerstand des Finanzministers hinweisen, der bereits den ersten Entwurf eines Reichsstrafvollzugsgesetzes scheitern ließ —, muß mit dem Entwurf (Anmerkung zum 9. und 12. Abschnitt, Denkschrift S. 53, 85) füglich bezweifelt werden. Hier und da ist deshalb der Gedanke aufgetaucht, den E. selbst unter Verzicht auf die sichernden Maßnahmen zum Gesetz werden zu lassen. Ich würde ein derartiges Vorgehen auf das Lebhafteste bedauern und muß ihm auf das Bestimmteste widersprechen. Die sichernden Maßnahmen, wie sie der E. in Aussicht nimmt, stellen den größten Fortschritt dar, den unser deutsches Strafrecht gemacht hat. Er trägt der modernen Strafrechtsschule im weitestgehenden Maße Rechnung, die an die Stelle des Versuchs, eine gerechte Vergeltung eintreten zu lassen, den Zweckgedanken setzt und dementsprechend verlangt, daß nicht sowohl die Tat, als vielmehr der Täter Beachtung verdient. Ein Standpunkt, den bis zur äußersten Konsequenz der vor kurzem veröffentlichte und im wesentlichen auf *Ferri* zurückzuführende Entwurf eines italienischen Strafgesetzbuchs vertritt, der unter Beseitigung der Schuldfrage lediglich die Gefährlichkeit, gleichgültig wie sie bedingt ist, als Grundlage der Verantwortlichkeit betrachtet, von Strafen ganz absieht, sondern nur „Sanktionen", gleich sichernden Maßnahmen, kennt.

Ich bin der Überzeugung, daß nur mit Methoden, wie sie der E. vorsieht, der Staat erfolgreich gegen die Schädigungen durch die rückfälligen Verbrecher, mögen sie nun psychisch abnorm sein oder nicht, geschützt werden kann. Der Hinweis darauf, daß die Gelder, die für die Verwirklichung dieser Absichten des E. notwendig sind, wenn sie auch noch so erheblich sind, wirklich gut angelegt sind, daß sie, kaufmännisch gesprochen, geradezu eine werbende Anlage darstellen, dieser Gesichtspunkt darf nicht außer Acht gelassen werden. Ein Strafgesetzbuch darf nicht fiskalich sein, verlangte, wenn ich nicht irre, *Kahl*. „Sparsamkeit ist hier unwirtschaftlich" sagt, wie ich bei der Korrektur lese, *Rittler*, der kategorisch die Beschaffung der Mittel für die Bekämpfung des Verbrechens als die Lösung einer Kulturaufgabe verlangt. Würde man aus dem E. die sichernden Maßnahmen entfernen, deren Vorteil so offensichtlich ist, daß er jedem einleuchten muß, so besteht für unser Vaterland die Gefahr, daß in absehbarer Zeit nicht damit gerechnet werden kann, daß in ihm die immer wieder erhobenen und durchaus berechtigten Forderungen einer modernen, einer soziologischen Auffassung des Verbrechens zur Tat werden; und dann wird es sicher noch sehr, sehr lange dauern, bis ein neues Strafgesetzbuch uns das gibt, was von sachkundiger Seite schon vor Jahrzehnten gefordert wurde, was uns heute doppelt not tut.

## Literatur.

*Aschaffenburg*, Bemerkungen zu dem Entwurf „zu einem Deutschen Strafgesetzbuch von 1919". Zeitschr. f. d. ges. Neurol. u. Psychiatr., Orig. **72**, 227. 1921. — *Aschaffenburg*, Die Bestimmungen über die Trunkfälligkeit und Betrunkenheit im Entwurf. Ber. über den 1. Deutschen Alkoholgegnertag. Breslau 1922, S. 50. — *Boethke*, Maßnahmen für die Umgestaltung des Strafrechts. S.-A. aus Alkoholfrage: Welche alkoholgegnerische Gesetzgebungs- und Verwaltungsmaßnahmen sind für die Zukunft erforderlich? 1918, S. 82. — *Bumke*, Die neuen Strafgesetzentwürfe. Dtsch. Jur.-Ztg. **25**, 11. 1921. — *Bumke*, Der gegenwärtige Stand der Strafrechtsreform. Jur. Wochenschr. **50**, 777. 1921. — *Bumke*, Die Entwürfe zu einem Deutschen Strafgesetzbuch. Leipz. Zeitschr. f. Dtsch. Recht. **15**, 121. 1921. — *Delaquis*, Die Gemeingefährlichkeit in den Strafgesetzentwürfen der Schweiz und Deutschlands. Schweiz. Zeitschr. f. Strafr. **33**, 197. 1920. — *Dohna, Graf zu*, Die Entwürfe zu einem Deutschen Strafgesetzbuch. Jur. Wochenschr. **50**, 368. 1921. — *Delbrück*, Alkoholismus und Strafgesetz. Der Alkoholismus. 8. Teil. 1912, S. 28. — *Ebermayer*, Die Entwürfe zu einem Deutschen Strafgesetzbuch. Jur. Wochenschr. **50**, 361. 1921. (Vgl. Zeitschr. f. d. ges. Strafr. **42**, 315. 1921; Leipz. Zeitschr. f. Dtsch. Recht 15. **73**, 159. 1921). — **Ebermayer*, Die Straftat. Jur. Wochenschr. **51**, 11. 1922. — *Falkenberg*, Bemerkungen zum Jugendgerichtsgesetzentwurf. Ärztl. Sachverst.Zeitg. **27**, 113. 1921. — *Gerland*, Kritische Bemerkungen zum allgemeinen Teil des Strafgesetzentwurfs 1921. — **Gleispach*, Der Deutsche Strafgesetzentwurf 1921. — *Göring*, Die Beurteilung des V. E. zu einem Strafgesetzbuch durch die Psych. Zeitschr. f. d. ges. Strafrechtsw. **33**, 146. — *Göring*, Über den neuen Entwurf zu einem Deutschen Strafgesetzbuche. Zeitschr. f. d. ges. Neurol. u. Psychiatr., Orig. **70**, 102. 1921. — *Göring*, Einwendungen von psychiatrischer Seite gegen den Entwurf 1919. Zeitschr. f. d. ges. Strafrechtsw. **42**, 746. 1921. — **Goldschmidt*, Gegenentwurf zu dem Abschnitt: Die Straftat. Jur. Wochenschr. **51**, 252. 1922. — *Haberda*, Der Regierungsentwurf 1912 zu einem österreichischen Strafgesetzbuch. Vierteljahrsschr. f. gerichtl. Med. u. öffentl. Sanitätsw. **45**, 1. Supplementsheft, S. 68. 1913. — *Heinberger*, Trunksucht und Trunkenheit im Vorentwurf. Zeitschr. f. d. ges. Strafrechtsw. **32**, 563. 1911. — **Heinberger*, Zweifelsfragen aus den Bestimmungen des Entwurfs 1919 über Trunkenheit und Trunksucht. Monatsschr. f. Kriminalpsychol. u. Strafrechtsref. **12**, 223. 1922. — **Heinberger*, Maßnahmen der Besserung und Sicherung nach Entwurf 1919. Vortrag i. d. rhein.-westfäl. Gefängnis-Ges. 12. X. 1921. — *Hippel, R. v.*, Zur Begriffsbestimmung der Z. r. f. k. Zeitschr. f d. ges. Strafrechtsw. **32**, 99. 1911. — *Hippel, R. v.*, Die allgemeinen Lehren von Verbrechen in den Entwürfen. Zeitschr. f. d. ges. Strafrechtsw. **42**, 404, 525. 1921. — *J. K. V.*, Verhandlungen der 17. Vers. d. Dtsch. Landesgruppe 1921. Jena. —

*Kadyi, Jòzef*, Unzurechnungsfähigkeit. Polskie czasop. lekarskie Jahrg. 1, Nr. 3, S. 40. 1921 (Polnisch). Ref. Zentralbl. f. d. ges. Neurol. u. Psychiatr. **28**, 143. 1922. — *Kahl*, Zum neuesten Strafgesetzentwurf. Dtsch. Jur.-Zeit. **26**, 145. 1921. — *Kahl*, Der deutsche Strafgesetzentwurf von 1919. Zeitschr. f. d. ges. Strafrechtsw. **42**, 205. 1921. — *Kahl*, Schaffung eines neuen Irrengesetzes. Allg. Zeitschr. f. Psychiatr. **77**, 392. 1921/22. — *Klee*, Die Behandlung der geistig Abnormen im deutschen und im italienischen Strafgesetzentwurf. Ärztl. Sachverst.-Zeit. **27**, 285. 1921. — *Kohlrausch*, Der Vorentwurf zum deutschen Strafgesetzbuch. Vierteljahrsschr. f. gerichtl. Med. u. öffent. Sanitätsw. **41**, 2. Supplementsheft. 1911. — *Kohlrausch*, Trunkenheit und Trunksucht im Vorentwurf. Zeitschr. f. d. ges. Strafrechtsw. **32**, 645. 1911. — *Lewin, L.*, Die Bestrafung der alkoholischen Trunkenheit. Münch. med. Wochenschr. **68**, 1458. 1921. — **Liepmann*, Die Reform des deutschen Strafrechts. — *Lobe*, Die Maßregeln der Besserung und Sicherung nach dem Entwurf. Jur. Wochenschr. **50**, 786. 1921. — *Makarewicz*, Der polnische Strafgesetzentwurf. Schweiz. Zeitschr. f. Strafrechtsw. **35**, 166. 1922. — **Merkel*, Die Bestimmungen des Strafgesetzentwurfs über die Straftat. Zeitschr. f. d. ges. Strafrechtsw. **43**, 299. 1922. — **Mezger*, Der deutsche Strafgesetzbuchentwur.f 1919, Monatsschr. f. Kriminalpsychol. u. Strafrechtsref. **13**, 47. 1922. — **Mönkemöller*, Psychiatrie und Jugendgerichtsgesetz. Allg. Zeitschr. f. Psychiatr. **48**, 240. 1922; vgl. Zentralbl. f. Vormundschaftswesen **12**, 233. 1921. — *Nonne*, Ärztliche und juristische Forderungen für die Heilung Alkoholkranker. Internat. Guttemplertag Hamburg 1911, S. 145. — **Oetker*, Zum Entwurf eines Jugendgerichtsgesetzes. Das Recht. **26**, 119. 1922. — *Picard*, Die strafrechtliche Behandlung der Trunkenheit und Trunksucht im Vorentwurf. Inaug.-Diss. Heidelberg 1910. — *Pfordten, v. d.*, Die Neuordnung des deutschen Strafrechts. Münch. med. Wochenschr. **68**, 306, 336, 369. 1921. — *Puppe*, Der Arzt im Entwurf. Verhandl. d. 42. Deutschen Ärztetages, Karlsruhe 1921. — *Sioli*, Die Behandlung des Alkoholismus im Vorentwurf. Separatabschr. aus Vierteljahresschr. f. gerichtl. Med. u. öff. Sanitätsw. 3. Folge **48**. — *Strassmann, F.*, Ärztliche Bemerkungen z. Entwurf. Jur. Wochenschr. **50**, 374. 1921. — *Schultze*, Die jugendlichen Verbrecher im gegenwärtigen u. zukünftigen Strafrecht. Wiesbaden 1911. — *Schultze*, Die Sicherung der Gesellschaft gegen gemeingefährliche Geisteskranke und der Vorentwurf. Arch. f. Psychiatr. u. Nervenkrankh. **48**, 1. 1911. — *Schultze*, Das Irrenrecht. Handbuch der Psych. Allg. Teil. 5. Abt. 1912. — *Schultze*, Irrenrechtliche Fragen. Allg. Zeitschr. f. Psychiatr. **76**, 699. 1920/21. — *Schultze*, Schaffung eines neuen Irrengesetzes. Zeitschr. f. Psychiatr. **77**, 367. 1921/22. — *Schultze*, Zur gerichtsärztlichen Beurteilung des Alkoholexperiments. Med. Klin. **17**, 581. 1921. — *Schultze*, Über Gemeingefährlichkeit Geisteskranker vom verwaltungsrechtlichen Standpunkt aus. Zeitschr. f. Medizinalbeamte. — **Traeger*, Zu den Entwürfen zu einem deutschen Strafgesetzbuch. Zeitschr. f. d. ges. Strafrechtsw. **42**, 721. 1921; **43**, 117. 1922. — *Wach*, Das deutsche Strafgesetzbuch nach dem neuesten Entwurf. Dtsch. Strafrechts-Zeit. **8**, 67. 1921. — **Wachenfeld*, Bemerkungen zu dem allgemeinen Teil des Entwurfs. Sonderabdruck aus Arch. f. Rechtsphilosophie **15**, 73. — *Weygandt*, Zurechnungsfähigkeit und Rechtssicherheit. Vierteljahresschr. f. gerichtl. Med. u. öff. Sanitätsw. **47**, 281. 1914. — *Wollenberg*, Der Vorentwurf z. deutschen Strafgesetzbuch. Vierteljahrsschr. f. gerichtl. Med. u. öffentl. Sanitätsw. **41**, 2. Supplementsheft, S. 251. 1911. — *Ziemke*, Glossen zum Strafgesetzbuchentwurf. Med. Klin. **8**, 508, 547, 589. 1912. — Zusammenstellung der gutachtlichen Äußerungen über den Vorentwurf Berlin 1911. (Bespricht die gesamte bis Ende 1910 erschienene Literatur über den Vorentwurf.)

(Die mit * bezeichneten Arbeiten wurden mir erst nach Fertigstellung meiner Aufsätze bekannt.)